올인원
통기라 교본
기타러시
Guitar Rush

【목차】

리듬 스트로킹 · Rhythm Stroking Pattern

아르페지오 피킹 · Arpeggio Picking Pattern

【특별부록】

한국인이 좋아하는 팝송

Oldies but Goodies

➜↪기타 각 부분의 명칭

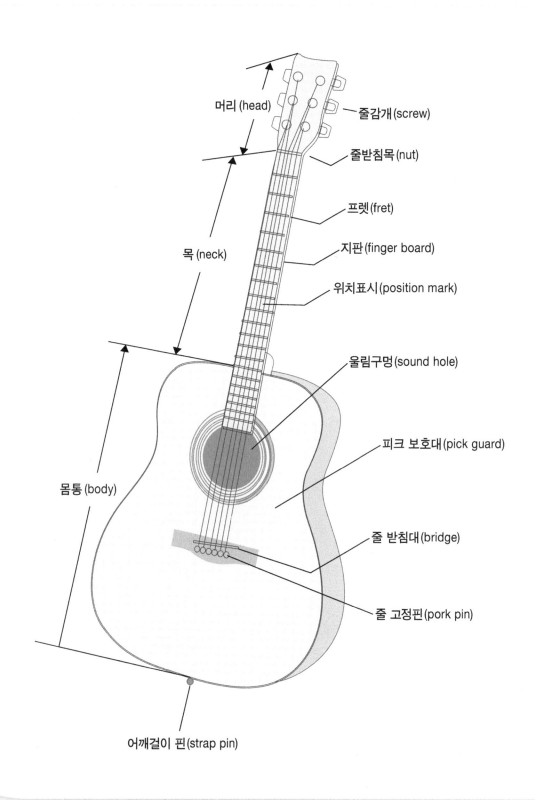

머리 (head)

줄감개 (screw)

줄받침목 (nut)

프렛 (fret)

지판 (finger board)

위치표시 (position mark)

목 (neck)

울림구멍 (sound hole)

피크 보호대 (pick guard)

몸통 (body)

줄 받침대 (bridge)

줄 고정핀 (pork pin)

어깨걸이 핀 (strap pin)

➜↪기타 각 부분의 명칭

코드를 누르는 요령

• 왼손의 손톱이 길면...

왼손의 손톱이 길면 줄을 제대로 누를 수가 없습니다.
손가락을 수직으로 세워서 눌러야 힘이 덜 드는데 손가락이 비스듬히 누울 수 밖에 없습니다.
소리가 제대로 날리가 없습니다.

• 왼손의 손톱을 항상 짧게 깎아두는 습관을 기릅시다!

 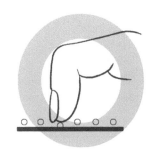 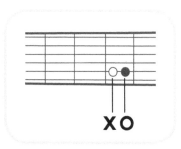

줄을 누를 때 프렛에 가까운 쪽을 눌러야 선명한 음을 낼 수 있습니다.

(※누르는 힘이 좋으면 프렛 가운데를 눌러도 상관없습니다.)

• 엄지 손가락의 위치

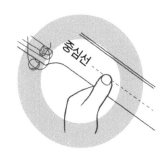

엄지는 대부분 네크 뒷부분, 중심선 부근에 가볍게 갖다 대는 것이 일반적이지만, 코드 폼에 따라서 위치가 이동될 수도 있습니다.

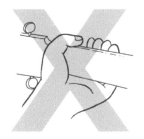

엄지로 네크를 감싸쥐는 자세는 좋은 모양새가 아닙니다.
일렉 기타의 경우나 매우 특별한 상황에서 이런 자세가 나오기도 하지만 일반적으로 전혀 바람직하지 않습니다.

→⇨줄을 감는 방법

어쿠스틱 기타	**1** 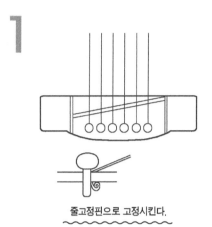 줄고정핀으로 고정시킨다.	**2** 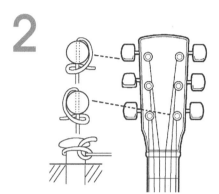

- ✔ 줄을 줄고정핀으로 브리지의 구멍에 끼워 넣습니다.
- ✔ 줄감개를 돌려서 줄을 팽팽하게 합니다.
- ✔ 줄감개에는 세 겹 정도 되게 감는 것이 좋습니다.
- ✔ 지나치게 많이 감으면 음정이 불안정해질 수 있습니다.

클래식 기타	**1** 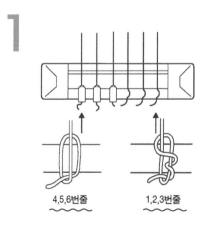 4,5,6번줄 1,2,3번줄	**2** 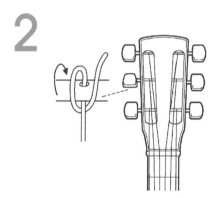

- ✔ 줄을 브리지에 감을 때 그림을 잘 보고 실행해야 합니다.
- ✔ 나머지 부분은 어쿠스틱 기타와 대동소이합니다.

➔➪ 왼손가락 번호와 연주 자세

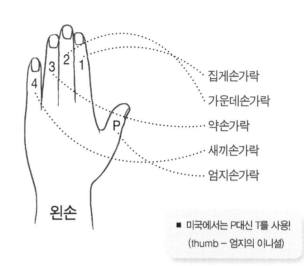

왼손가락 번호

집게손가락
가운데손가락
약손가락
새끼손가락
엄지손가락

왼손

■ 미국에서는 P대신 T를 사용!
(thumb – 엄지의 이니셜)

• 엄지의 위치

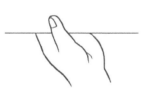

엄지는 1~2프렛 사이의 적당한 곳에 가볍게 고정시킵니다. 코드폼에 따라 위치가 약간씩 이동할 수도 있습니다.

• 왼손가락과 프렛의 위치

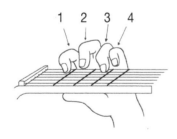

멜로디를 치는 경우에는 항상 1번 손가락은 1프렛을, 2번 손가락은 2프렛을, 3은 3프렛을, 4는 4프렛을 누릅니다.

• 손과 손목의 자세

손바닥은 네크와 약간의 공간을 두고, 손목은 자연스럽게 ㄴ자를 유지할 것. 초보자는 연습도중에 빨리 피로감을 느끼므로, 때때로 손을 멈추고 가볍게 흔들어 본다든가, 아니면 간단한 마사지 등을 해주는 것이 좋습니다.

→ ⇨ 지판과 음정

● 지판

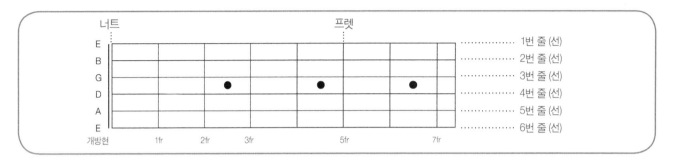

기타는 지판에 박혀 있는 프렛(Fret)이라는 금속 조각에 의해 음정이 결정됩니다. 프렛을 아무것도 누르지 않은 0프렛을 개방현이라고 하며, 0프렛을 기준으로 오른쪽으로 가면서 1프렛, 2프렛, 3프렛…이라고 부릅니다.

지판 위에는 여섯 개의 줄이 있는데 줄은 얇은 줄부터 순서대로 1번, 2번, 3번, 4번, 5번, 6번 줄이라고 하며, 줄이 굵어질수록 낮은 소리가 납니다.

● 음정

기타에서는 계이름 대신 영어 음이름을 사용합니다.

계이름	도	레	미	파	솔	라	시	도
영어 음이름	C	D	E	F	G	A	B	C

지판에서의 한 칸은 반음이며, 두 칸은 온음을 의미합니다. E~F와 B~C 음정만 한 칸(반음)씩 떨어져 있으며, 나머지 음들은 두 칸(온음)씩 떨어져 있습니다. 또한 0~11 프렛까지의 음정은 12프렛부터 다시 반복됩니다.

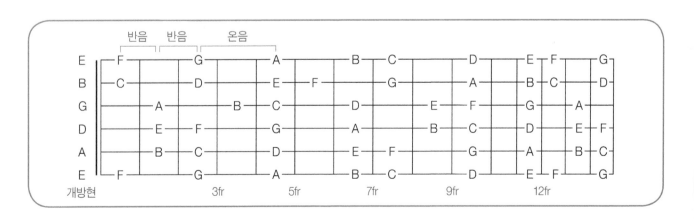

➜⇨ 악상기호

⌢•	늘임표 (fermata)	겹세로줄 위에 있을 때에는 마침표가 되나, 음표의 머리 위나 아래에 있을 때에는 그 음표를 2배 이상의 박으로 연주하는 늘임표가 된다.
⌢•‖	마침표 (pause)	음표의 머리 위나 아래에 있을 때에는 늘임표가 되나, 겹세로줄 위에 있을 때에는 그 곡을 끝내는 마침표가 된다.
∶‖	도돌이표 (repeat)	처음으로 되돌아가 한 번 더 연주한다.
‖∶ ∶‖	도돌이표 (repeat)	도돌이표 안을 한 번 더 연주한다.
1. 2.		도돌이하여 두 번째 연주시에는 1.┐을 빼고, 2.┐로 건너서 연주한다.
D.C.	다카포 (da capo)	처음부터 다시 연주하여 *Fine* 또는 ⌢•‖까지 연주하고 마친다.
Fine	피네 (fine)	곡을 마치는 끝 표가 된다.
F.O.	페이드 아웃 (fade out)	여러 번 반복하면서 점차적으로 소리를 사라지게 연주한다.
♩•	스타카토 (staccato)	음을 짧게 끊어 연주한다.
>	악센트 (accent)	그 음만 세게 연주한다.
‿	붙임줄 (tie)	높이가 같은 2개 이상의 음을 하나로 붙여 연주한다. 〈예〉
3 ♪♪♪	셋잇단음표 (triplet)	2등분할 음표를 3등분하여 연주한다. 〈예〉
a m i	라스게아도 (rasgueado)	*a · m · i* 순에 의해 연속적으로 그리고, 아주 빠르게 연주한다.
rit.	리타르단도 (ritardando)	점점 느리게 연주한다.
D.S.	달세뇨 (dal segno)	• 𝄋로 가서 ⊕에서 ⊕로 건너가 연주하고 마친다. • 𝄋로 가서 *Fine*또는 ⌢•‖까지 연주하고 마친다.

리듬 스트로킹 테크닉

"리듬 스트로킹"은 기타를 처음 배우는 사람이 제일 먼저 익혀야 할 반주법입니다. 가장 기본적이며 가장 중요한 주법인 만큼 확실하게 요령을 터득해야 합니다. 스트로킹은 크게 〈핑거 스트로킹〉과 〈피크 스트로킹〉으로 구분됩니다.

➔⇨ 핑거 스트로킹

〈핑거 스트로킹〉은 손가락을 이용하여 줄을 치는 동작을 뜻합니다. 엄지는 주로 저음부를 칠 때 활용하고, 고음부를 칠 때에는 집게손가락, 또는 중지와 약지를 함께 사용합니다. 실제 스트로킹을 시작하기 전에 다음 동작들을 하나씩 파악하는 것이 좋습니다.

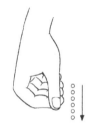

1
다운 스트로킹

- ✔ 다운 스트로킹을 하기 직전의 손모양입니다.
- ✔ 손가락을 말아 쥐고 있다가 줄을 내리치면서 펴줍니다.
- ✔ 팔꿈치를 축으로 팔도 함께 아래로 약간 흔들어줘야 합니다.
- ✔ 다운 스트로킹 동작이 완전히 끝났을 때의 손모양은 2번 그림입니다.

2
업 스트로킹

- ✔ 업 스트로킹은 다운 스트로킹의 마지막 손모양에서 시작됩니다.
- ✔ 올려칠 때 줄을 쓰다듬듯이 훑어가면서 손가락을 말아 쥡니다.
- ✔ 이 역시 팔도 함께 위로 약간 흔들어줘야 합니다.
- ✔ 업 스트로킹 동작이 끝날 때의 손모양은 1번 그림입니다.
  원래의 위치로 되돌아가라는 화살 표시입니다.

➔⇨ 피크 스트로킹

〈피크 스트로킹〉은 문자 그대로 피크를 사용하여 줄을 치는 동작입니다.
손목을 적당한 위치에 고정시킨 다음, 손목을 중심으로 상하로 회전시키면서 안정된 스트로킹을
만들어내야 합니다. 최대한 손목의 스냅을 살려서 가볍고 민첩한 스트로킹을 구사합시다.

1
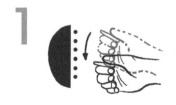
〈다운 스트로킹〉

2

〈업 스트로킹〉

● 저음부와 고음부의 부분

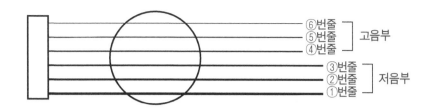

● 리듬 악보의 예

리듬 악보는 5선보에 적기도 하지만, 보기 수월하게 단선의 악보에 표기하기도 합니다.

단선 악보를 기준으로 선 중앙에 걸친 리듬표는 코드 전체를 치고, 위쪽에 적힌 것은 당연히 고음줄을,

아래쪽은 저음줄을 칩니다. 5선보 역시 이와 같이 리듬표의 위치에 따라 스트로킹하면 됩니다.

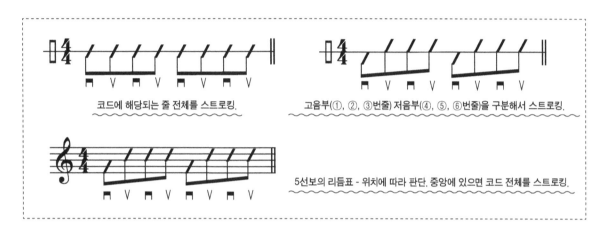

코드에 해당되는 줄 전체를 스트로킹.

고음부(①, ②, ③번줄) 저음부(④, ⑤, ⑥번줄)을 구분해서 스트로킹.

5선보의 리듬표 - 위치에 따라 판단. 중앙에 있으면 코드 전체를 스트로킹.

● 핑거 주법과 피크 주법의 비교

핑거 스트로킹

✔ 손톱이 피크 역할을 하기 때문에 적당히 길러둡니다.

✔ 엄지는 주로 저음부를, 나머지 손가락은 고음부에 사용합니다.

✿특징✿

1) 손톱과 함께 손끝의 살갗이 닿기 때문에, 소리가 날카롭지 않고 부드럽습니다.

2) 피크를 사용할 때보다 감정 표현이 더 풍부하고 다채롭습니다. 혼자 조용하게 노래, 또는 연주하기에 적합합니다.

피크 스트로킹

✔ 크기와 두께를 고려하여 자신에게 맞는 피크를 선택합니다.

✔ 초보자는 일반적으로 널리 사용되는 삼각형의 미디엄이 좋습니다.

✿특징✿

1) 소리가 날카롭고 예리하며 강렬합니다.

2) 사운드가 힘에 넘치기 때문에 여러 사람이 합창을 하거나 야외에서 반주를 할 때 적합합니다.

2/4박자 2비트

기본패턴

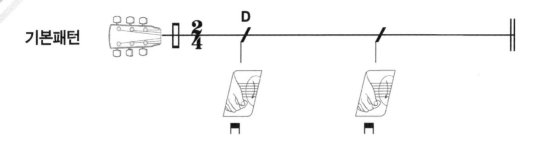

반주해설

✔ 이 곡은 2/4 박자의 경쾌한 동요입니다. 한 마디에서 두 번만 스트로킹하는 '2비트' 연습곡입니다.

✔ 4분 리듬표나 이보다 긴 리듬표(2분, 온 리듬표 등등)들은 거의 대부분, 코드에 해당하는 모든 줄을 내려치는 '다운 스트로킹'(down stroking)으로 반주합니다.

✔ 초보자들은 원곡보다 템포를 많이 느리게 연습하는 것이 좋습니다. 익숙해지면 그때부터 속도를 올려가며 연습하세요.

> 1) 기타 연주의 제일 첫걸음은 '코드 폼'(chord form)을 익히는 일입니다. '코드 폼'이란 화음을 만드는 '왼손의 모양, 또는 자세'를 의미합니다. 먼저 '코드 폼'이 완성되어야 연주가 가능합니다.
> 2) '코드 폼'을 익힌 다음에는 '코드 체인지'가 원활하게 이루어져야 합니다. 다음 코드로 진행할 때 본래의 템포에 맞춰 순식간에 '코드 폼'을 바꿔야 합니다. 이것 역시 많은 연습이 필요합니다.
> 3) D, A7코드에는 두가지 폼이 있습니다. 둘 중의 하나를, 다음에 등장하는 코드폼을 고려하여 선택적으로 사용하는 것이 좋습니다.

사용코드

➜ (●) ← 코드 도표에 표시된 '검은 원'은 코드의 제일 낮은 음을 가리킵니다. 이 음을 바탕으로 화음이 만들어집니다. 리듬을 치거나 아르페지오로 반주하거나 이 줄로부터 시작됩니다.

➜ D코드는 ④번줄부터 ①번줄까지 4줄만을 치는 것이 원칙입니다. 하지만 ⑤번줄까지 쳐도 틀리는 것은 아닙니다. 단 ⑥번줄은 불협화음이기에 쳐서는 안 됩니다.

➜ A7코드는 ⑤번줄부터 ①번줄까지 5줄을 치는 것이 원칙입니다. 하지만 ⑥번줄까지 쳐도 틀리는 것은 아닙니다.

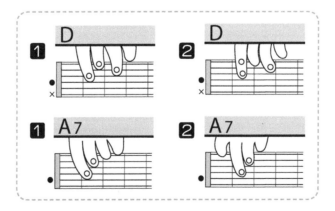

※ 이 곡에서는 보다 널리 애용되는 번 **1**코드가 쓰이고 있습니다.

고기잡이

윤극영 작사
윤극영 작곡

고 기 를 잡 으 러 바 다 로갈 까 요

D

고 기 를 잡 으 러 강 으 로갈 까 요

D · A7 · D

이 병 에 가 득 히 넣 어 가 지 고 요

D

라 라 라 라 라 라 라 라 온 다 야

D · A7(G A7) · D

13

기본패턴

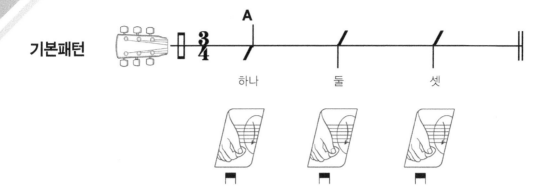

반주해설

✔ 가장 기본적인 3/4 박자 왈츠의 제일 단순한 리듬 패턴입니다.

✔ 반주 악보의 중앙선을 기준으로 리듬표가 아래에 있으면 저음부를, 위에 있으면 고음부를 쳐야 합니다. 저음부는 아래 3줄을, 고음부는 위의 3줄을 치는 것이 원칙입니다.
(앞의 곡에서는 리듬표가 중앙선 한가운데에 적혀있습니다. 이것은 코드에 해당되는 줄 전체를 치라는 지시입니다.)

> 초보자는 정확한 줄을 내려치기가 힘든 것이 당연합니다. 다른 줄을 건드리는 것에 대하여 너무 신경을 쓰지 않는 것이 좋습니다. 처음부터 잘 치면 그건 초보자가 아닙니다. 조금 틀려도 나무랄 사람 없으니 자신 있게 연주하도록 합시다.

사용코드

A코드에는 2가지의 코드 폼(chord form)이 있습니다.
누르기 쉬운 코드폼을 선택하여 사용합시다.

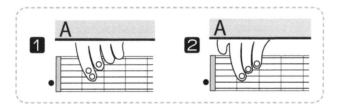

E7코드 역시 3가지의 코드 폼(chord form)이 있습니다.

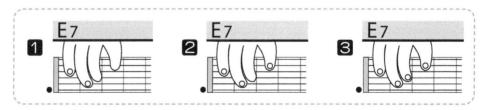

1번은 제일 누르기 쉬운 코드 폼. 그러나 7음이 저음부에 있기에 코드의 색깔이 다소 떨어집니다. 하지만 **2**, **3**번은 반대로 7음이 고음부에 있어서 원래의 색깔이 뚜렷하게 드러나는 장점이 있습니다. 다만 새끼손가락으로 7음을 누르 는 것이 다소 어렵습니다.

※ A로 시작되는 코드는 무조건 ⑤번줄부터 칩니다.
E로 시작되는 코드는 무조건 ⑥번줄부터 칩니다.

이 몸이 새라면

이 몸이 새 라면 이 몸이 새 라면

날 아 가 리   저 건 너 보 이 는

저 건 너 보 이 는 작 은 섬 까 지

15

기본패턴

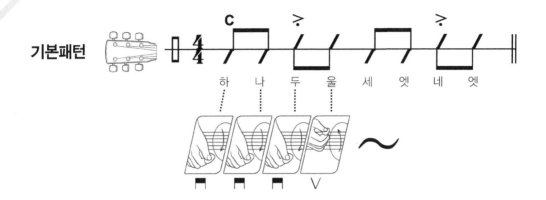

하 나 두 울 세 엣 네 엣

반주해설

✔ '4비트' 는 한 박에 한 번씩 치는, 아주 손쉬운 반주 패턴입니다. 편안한 기분으로 연주 해 봅시다.

✔ 4분음표 리듬은 모두 '다운 스트로킹' (down stroking)으로 치는 것이 원칙입니다.
(4분음표보다 박자가 긴 2분음표, 온음표 등이 모두 여기에 해당됩니다.)

✔ 중간 템포 정도의 곡입니다. 연주 도중 속도가 느려지지 않도록 주의하는 것이 필요합 니다. 중요한 것은 주어진 템포를 계속 유지하는 것입니다.

> 〈나비야〉의 반주 악보는 줄 전체를 치는 방식이지만, 저음부와 고음부를 구별하여
> 치는 패턴으로도 연습해 봅시다.
> 각각의 코드에 따라 그 코드에 해당되는 줄만 스트로킹하는 습관을 길러야 합니다.

사용코드

C 코드 역시 두 가지 코드 폼이 있습니다. 어느 코드 폼이 우수하다고는 할 수 없습니다.
다만 반주의 전체적인 상황에 따라 이 중 한 가지를 선택하면 됩니다.
1번 코드가 **2**번보다 누르기가 다소 편하기 때문에 이 폼을 많이 선호합니다.

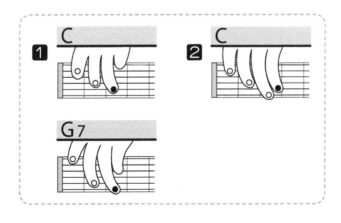

나비야

외국 곡

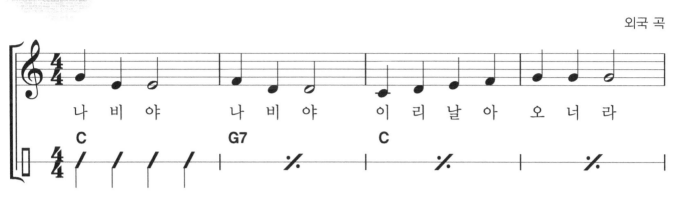

나 비 야 나 비 야 이 리 날 아 오 너 라

C　　　　　G7　　　　C

노 랑 나 비 흰 나 비 춤 을 추 며 오 너 라

C　　　　　G7　　　　C

봄 바 람 에 꽃 잎 도 방 긋 방 긋 웃 으 며

G7　　　　　　　　C

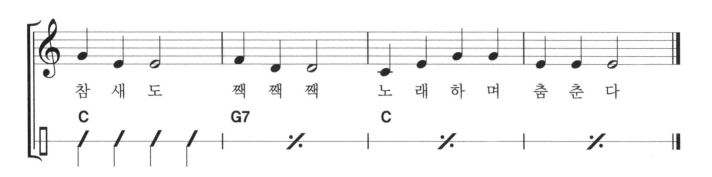

참 새 도 짹 짹 짹 노 래 하 며 춤 춘 다

C　　　　　G7　　　　C

04

기본패턴

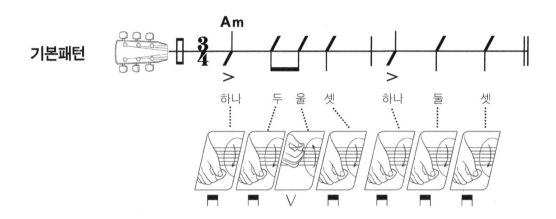

반주해설

✔ 서로 다른 두 마디가 결합되어 하나의 새로운 리듬 단위를 만드는 흥미로운 방식의 왈츠 리듬입니다.

✔ 첫 마디의 둘째 박을 둘로 나누어 치는 것이 특징입니다. 이 2개의 8분음표로 인하여 왈츠 리듬에 신선한 속도감을 더해주고 있습니다.

✔ 매우 빠른 템포이므로 연주 도중 템포가 쳐지지 않도록 유의합시다.

　처음에는 아주 느린 템포로 연습하고, 익숙해지면 점차 빠른 템포로 칩니다.

　◆ ▄ (↓) : 줄을 내려치라는 연주 기호(down stroking)
　◆ ∨ (↑) : 줄을 올려치라는 연주 기호(up stroking)

　※ 기타 악보에서는 보통, 화살표가 아닌 약식 기호 다운(▄), 업(∨)을 사용합니다.

사용코드

Am와 E7 코드는 비교적 누르기 쉬운 폼이지만, Dm는 새끼손가락을 사용하고 있으므로 다소 까다롭습니다. 충분히 연습하는 것만이 지름길입니다.

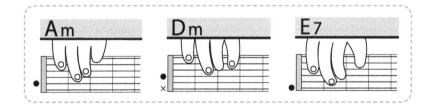

사의 찬미

윤심덕 작사
이바노비치 작곡

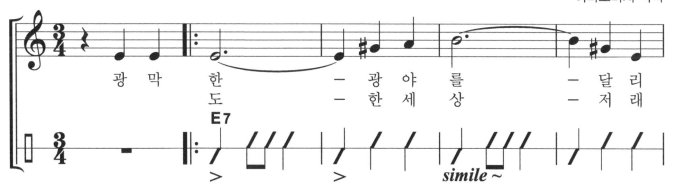

광 막 한 — 광 야 를 — 달 리
도 — 한 세 상 — 저 래

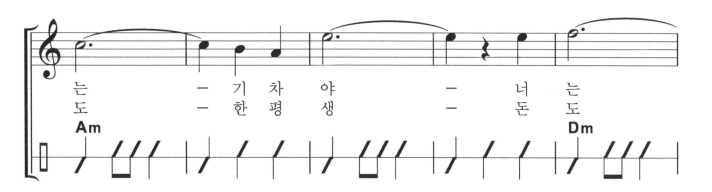

는 — 기 차 야 — 너 는
도 — 한 평 생 — 돈 도

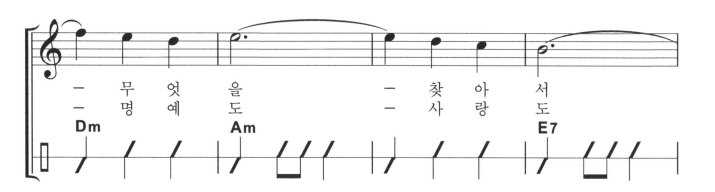

— 무 엇 을 — 찾 아 서
— 명 예 도 — 사 랑 서 도

1.
— 가 느 냐 이 래
— 다 싫 다 —

2.
다 —

19

05

4/4박자 8비트

기본패턴

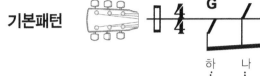

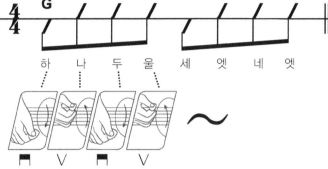

하 나 두 울 세 엣 네 엣

~

반주해설

✔ 가장 널리 사용되는 대표적인 8비트 리듬 형식입니다.

✔ 한 박자(4분음표)를 둘(8분음표)로 나누고 있습니다. 8분음표 리듬은 보통 '다운·업' 을 계속 반복하며 칩니다.

✔ 저음부와 고음부를 확실하게 구분해야 리듬에 굴곡이 나타나고 율동감이 살아납니다.

✔ 2·4박의 첫머리에 강한 악센트(>)를 넣어서 쳐야 8비트의 리듬이 제대로 살아납니다.

(2·4박의 강한 악센트는 대중음악에서 일반적인 주법입니다.)

첫 박을 한 번만 치는 변형된 8비트 반주 패턴도 반드시 익혀둡시다.

사용코드

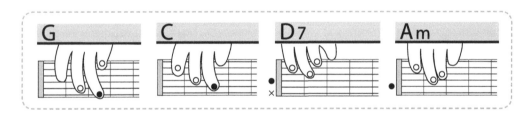

잊혀진 계절

박건호 작사
이범희 작곡

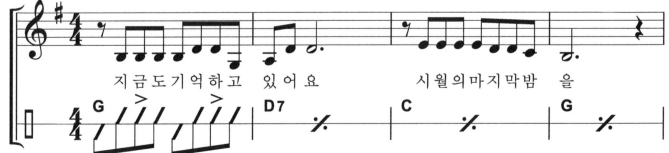

지 금 도 기 억 하 고 있 어 요   시 월 의 마 지 막 밤 을

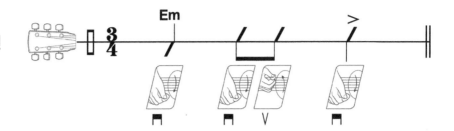

기본패턴

반주해설

✔ 기본 패턴은 3/4 박자 왈츠 리듬으로서, 첫 박은 저음부를 한 번만 치고, 2·3박은 고음부를 둘로 나누어 치고 있습니다.

✔ 빠른 템포의 곡이므로 2·3박의 '다운·업 스트로킹' 동작을 산뜻하고 날렵하게 처리해 야 합니다.

▶ '다운·업 스트로킹' 은 기타 반주에 있어서 가장 중요한 기본 동작입니다.
꾸준한 연습을 통하여 자기 몸에 꼭 맞는 자연스런 스트로킹 동작을 만들어 봅시다.
▶ 새로운 리듬을 처음 연습할 때에는 항상 원래의 템포보다 많이 느린 속도로 연습하는 것이 요령 입니다. 왼손의 코드 폼과 오른손의 스트로킹 동작이 익숙해지면 조금씩 속도를 빨리하여 본래 의 템포로 돌아갑시다.

사용코드

G코드는 2가지 코드 폼으로 누를 수 있습니다.

1 : 오리지널 코드 폼. 새끼손가락을 사용하고 있어서 어렵기는 하지만
다음 코드와 연계시킬 때 편리한 장점이 있습니다.

2 : 위의 코드 폼보다는 누르기 쉽습니다.

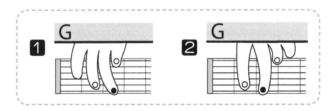

B7코드는 손가락모양이 까다로운 폼입니다.
많이 사용되는 필수 코드이므로 확실하게 누를 수 있어야 합니다.

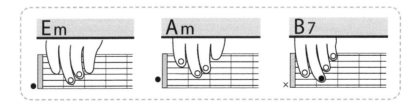

얼 굴

심봉석 작사
신귀복 작곡

동 그 라 미 그 리 려 다 무 심 코 그-린 얼 굴 - 내
동 그 라 미 그 리 려 다 무 심 코 그-린 얼 굴 - 무

마 음 따 라 피 어 나 던 하 - 얀 그- 때 꿈 을 - 풀
지 개 따 라 올 라 갔 던 오 색 빛 하-늘 나 래 - 구

잎 에 연 이 슬--처 럼 빛 나 던 눈 동 자 - 동
름 속 에 나 비--처 럼 날 - 던 지 난 날 - 동

그 랗 게-동 그 랗 게-맴 돌 다 가 는 얼 굴 -
그 랗 게-동 그 랗 게-맴 돌 곤 하 는 얼 굴 -

23

Rhythm Stroking Pattern

8비트 4/4박자

기본패턴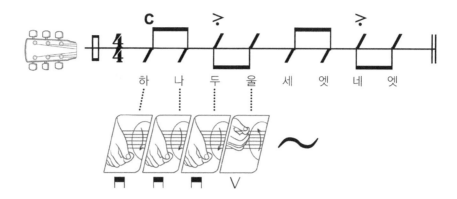

하 나 두 울 세 엣 네 엣

반주해설

✔ 1첫째 박과 셋째 박에서 저음부를 연속적으로 두 번씩 쳐서 강한 사운드를 만들어내는 것이 특징입니다. (1·3박은 모두 '다운 스트로킹'인 것에 주의!)

✔ 특히 2·4박은 악센트와 동시에 짧게 끊어 치는 '커팅 테크닉' 입니다. 충분한 연습이 필요합니다.

✔ 전체적으로 너무 무겁지 않게, 경쾌한 기분으로 연주하는 것이 좋습니다.

✔ 후렴의 '랄라라' 하는 부분의 리듬을 한 박자씩 잘 새기도록 합시다.

사용코드

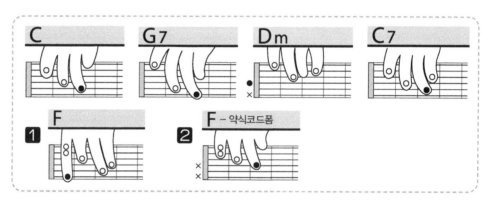

F코드에는 "약식 코드 폼"이 있습니다. (**2**번) 하이 포지션에서 고음부만을 스트로킹할 때 주로 사용되지만, "바 코드"가 어려운 초보자들이 즐겨 사용하기도 합니다.

1번 F코드는 "바 코드"(bar chord)이므로 누르기가 쉽지 않습니다. 하루아침에 완성시킬 수 없으니 충분한 시간을 두고 꾸준한 연습이 필요합니다. 사운드가 다소 거칠더라도 당분간은 그대로 사용하는 용기가 필요합니다.

나는 못난이

이요섭 작사
이요섭 작곡

해 도 잠 든 밤 하 늘 에 — 작 은 별 들 이
미 소 짓 는 그 입 술 이 — 하 도 예 뻐 서

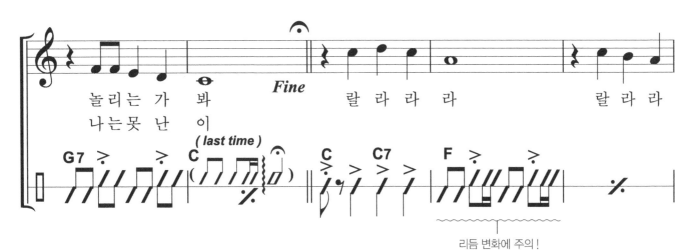

리듬 변화에 주의 !
(이 부분이 어려운 초보자는 원래의 패턴으로 연주)

08

Rhythm Stroking Pattern

8비트 변형 4/4박자

기본패턴

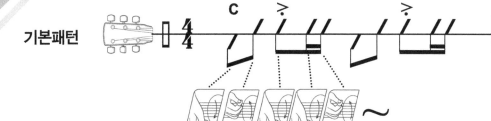

반주해설

- ✔ 2·4박에 등장하는 16분음표가 새로운 리듬에 스피디한 맛과 박진감을 더해주는 반주 패턴입니다.
- ✔ 16분음표 부분을 매끄럽고 가볍게 처리해야 리듬이 산뜻하게 살아납니다. 특히 이 부분을 서둘러서 치지 않도록 주의! 무조건 빨리 치려들면 템포가 흔들립니다.
- ✔ 2·4박 첫머리의 악센트와 스타카토 역시 깔끔하게 처리해야 합니다.

사용코드

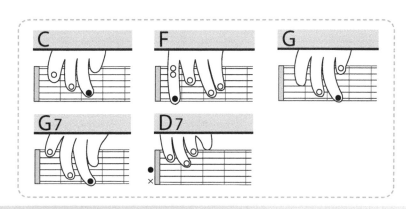

J에게

이세건 작사
이세건 작곡

J 　 －스치는　　바람에－　　J　－그 대모습　　보 이면 －
J 　 －지난밤　　꿈 속에－　　J　－만 －났던　　모 습은 －

난　 －오늘도　　쓸 쓸히 －　　그 댈 －그리워하　　　네
내　 －가 －슴　　속 깊이 －

09

6비트 6/8박자

기본패턴

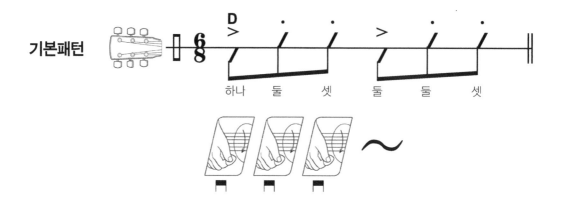

하나　둘　셋　둘　둘　셋

~

반주해설

✔ 가장 단순하고 기본적인 '6비트' 의 6/8 박자 반주 패턴입니다.

　※ 6/8박자는 (반으로 축소된) 3/4박자가 2개 있다고 생각하면 이해하기 쉽습니다.
　　그래서 6/8박자의 곡에서는 3/4박자의 똑같은 반주 패턴들이 많이 나타납니다.

✔ 저음부와 고음부를 확실하게 구분하여 쳐야 생동감 있는 율동이 만들어집니다. 저음
부에는 악센트 표시가 없더라도 당연히 강하고 묵직하게 쳐야합니다.

✔ 처음에는 스타카토(·)를 무시하고 칩시다. 어느 정도 리듬에 익숙해지면 그 다음에 짧
게 끊어 치는 커팅 테크닉을 구사합니다.

사용코드

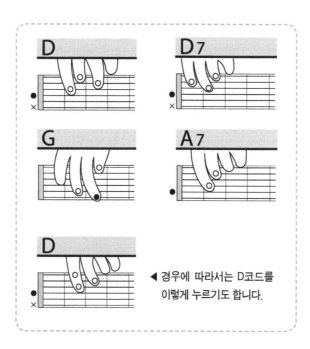

D　D7

G　A7

D

◀ 경우에 따라서는 D코드를
이렇게 누르기도 합니다.

오빠 생각

최순애 작사
벅태준 작곡

뜸북뜸북 뜸북새 논 — 에서 울고 —
기러기러 기러기 북 — 에서 오고 —

뻐꾹뻐꾹 뻐 — 꾹새 숲 에서 — 울 때 —
귀뚤귀뚤 귀뚜라미 슬 피울 — 건 만 —

우 리오빠 말 타고 서 울가 — 시 면 —
서 울가 신 오 빠는 소 식도 — 없 고 —

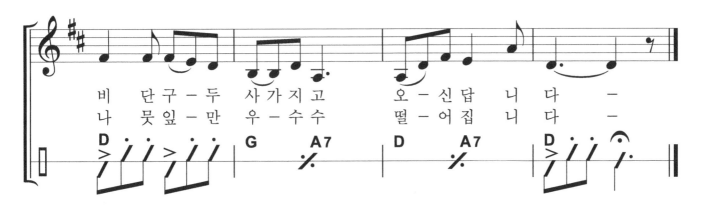

비 단구 — 두 사 가지고 오 — 신답 니 다 —
나 뭇잎 — 만 우 — 수수 떨 — 어집 니 다 —

6비트 6/8박자

기본패턴

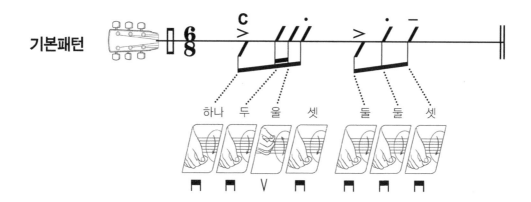

반주해설

✔ 3/4박자의 곡에서처럼 두 패턴이 하나로 결합되어 하나의 새로운 리듬 단위를 탄생시킨 '6비트' 반주 패턴입니다.

✔ 첫째박의 16분음표 부분을 가볍고 산뜻하게 처리해야 생동감 있는 반주가 만들어집니다. 특히 이 부분을 서둘러서 치지 않도록 주의합시다. 초보자들은 대부분 16분음표가 나타나면 무조건 빨리 치려는 경향이 있습니다. 이러한 조급함 때문에 템포가 흔들리고 무너집니다.

✔ 처음에는 스타카토(·)와 테누토(−)를 무시하고 칩시다. 리듬에 익숙해지면 그 다음에 스타카토와 테누토를 따로 연습해도 됩니다.

> ※ 4/4박자의 경우 8분음표 리듬은, '다운·업' 을 계속 반복하며 치는 것이 일반적이지만, 6/8박자에서는 8분음표는 모두 다운 스트로크로 치고, 16분음표부터 '다운·업' 을 반복하며 칩니다.

사용코드

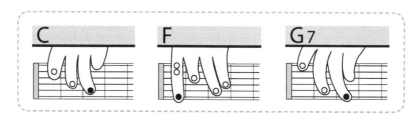

> ※ F코드가 힘든 초보자는 24쪽의 F약식 코드를 참고하여 사용하기 바랍니다.

> ※ 두 마디로 된 〈사의 찬미〉의 리듬패턴(p.18)을 한마디로 압축시킨 것이라고 생각하면 이해하기 쉽습니다. 결국 리듬 치는 방법은 똑같은 형식입니다.

꽃밭에서

어효선 작사
권길상 작곡

아 빠하 고 나 - 하고 만 든꽃 밭 에 —

채 송아 도 봉숭아도 한 창입 니 다 —

아 빠 - 가 매어놓은 새 끼줄 - 따 라 —

나 팔꽃 도 어울리게 피 었습 - 니 다 —

31

8비트 셔플

기본패턴

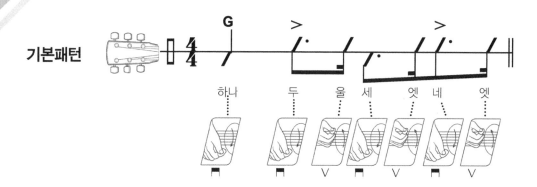

반주해설

✔ 경쾌하고 흥겨운 느낌을 주는 〈셔플〉 리듬의 반주 패턴입니다. 리듬이 무거워지거나 축 늘어지지 않도록 해야 합니다. 연주 도중에 템포가 빨라지거나 느려지는 일도 없어야 합니다.

✔ 8마디 째마다 등장하는 '싱커페이션 리듬' 은 타이밍을 잘 지켜서 템포가 흔들리는 일이 없도록 합시다.

※ 〈셔플〉은 한 박자를 3등분하여 처음의 두 음을 하나로 묶어준 리듬입니다.
소리로 나타내자면 '따안따, 따안따 ~' 로 표현할 수 있습니다.

사용코드

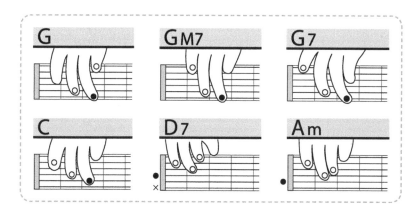

연 가

이명원 작사
변 혁 작곡

비 바람 이 치 던 바   다   잔 잔 해 - 져 - 오   면
저 하늘 에 반 짝 이   는   별 빛 도 아 름 답 지   만

오 늘 그 대 오 시 려 나   저 - 바 다 건 너 서
사 랑 스 런 그 대 눈 은   더 욱 아 름 다 워 라

싱코페이션 리듬에 주의 !

그 대 만 을   기 다 리 리

GM7이 힘들면 3·4박을 모두 G7으로 연주 !

1.

내 사 랑 영 원 히   기 다 리 리

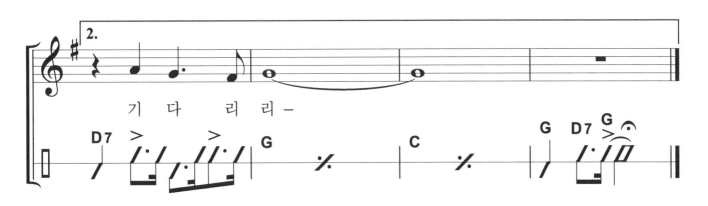

2.

기 다 리 리 -

기본패턴

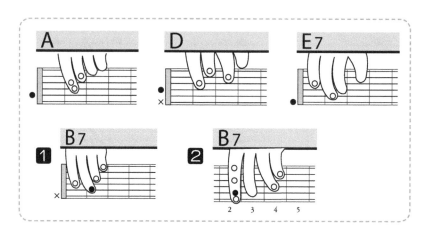

반주해설

✔ 전형적인 '셔플 리듬' 에다가 '셋잇단 리듬' 을 가미시킴으로서 속도감과 박진감이 솟구치는 반주 형식입니다.

✔ 2·4박에 표시된 '커팅 테크닉' 을 확실하게 새겨야 리듬의 활력이 살아납니다. 악센트를 넣어 짧게 끊어 치는 것을 잊지 말도록!

✔ 3박에서 4박으로 이어지는 부분의 '다운·업' 의 순서에 주의해야 합니다. 3박의 마지막 음과 4박의 첫 음이 연속적인 다운 스트로킹입니다. 많은 훈련이 필요한 부분입니다.

※ 〈셔플〉은 '바운스 리듬' 으로 불리기도 합니다. '바운스 리듬' 이란 통통 튀는 듯한 느낌을 말합니다.

사용코드

A

D

E7

1 B7

2 B7

2 3 4 5

1번은 개방현이 포함된 B7코드이고, **2**번은 바코드(Bar chord)입니다. 둘 다 자주 사용되므로 충분한 연습이 필요합니다. (이곡에서는 **1**번을 사용하고 있습니다.)

둥글게 둥글게

정 근 작사
이수인 작곡

12비트 슬로우 록

기본패턴

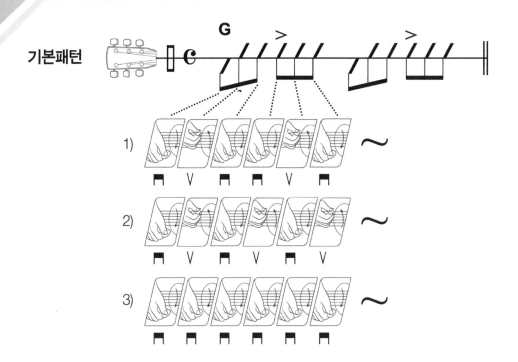

반주해설

- ✔ 한 박자를 3등분하여 새기는 가장 기본적인 〈슬로우 록〉 리듬 스트로킹입니다. 〈슬로우 = slow〉라는 명칭이 보여주듯이 여유를 가지고 천천히 연주해야 합니다. 저음부와 고음부의 구별도 확실하게 하는 것이 좋습니다.

- ✔ 〈슬로우 록〉 리듬 스트로킹에는 3가지 방식이 있습니다. 대체로 1)번 스타일이 가장 널리 사용되고 있습니다. 이 패턴은 〈슬로우 록〉 리듬을 표현하는데 있어서 보다 적합한 면이 있습니다. 그렇다고 2), 3)번 스타일이 잘못된 것은 아닙니다. 이 스타일로 연주하는 사람도 적지 않습니다. 일종의 취향의 문제이며, 이 3가지 스타일 사이에서는 사운드와 뉘앙스의 차이가 분명히 존재합니다.

- ✔ 2·4박 첫머리에 등장하는 악센트는 다른 어떤 리듬보다도 강렬하게 구사하는 것이 좋습니다. 표시되어 있지는 않지만 악센트와 함께 짧게 끊어 치는 방법으로도 연습을 하는 것이 바람직합니다.

사용코드

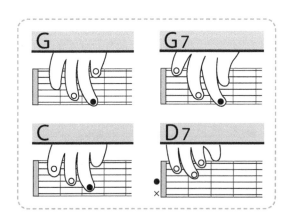

두 개의 작은 별

홍현걸
외국 곡

14

12비트 슬로우 록

기본패턴

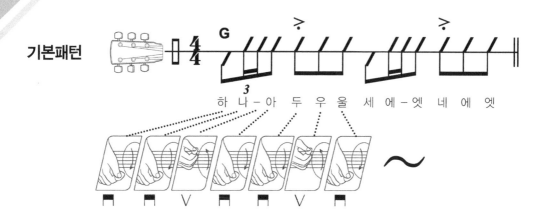

하 나 - 아 두 우 울 세 에 - 엣 네 에 엣

반주해설

- ✔ 1·3박에 16분음표 리듬을 적용시킴으로서 느린 템포의 〈슬로우 록〉에 스피디한 맛과 박진감을 배가시키고 있습니다.
- ✔ 대체로 16분음표 리듬을 칠 때 빨라지는 경향이 있으므로 주의가 필요합니다. 16분음표 리듬을 확실하게 새기되 민첩하면서도 유연하게 처리하는 것이 중요합니다.

사용코드

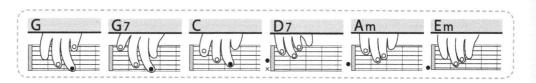

G   G7   C   D7   Am   Em

가는 세월

김광정 작사
김광정 작곡

가 는 세   월   그 누 구 가   막 을 수 가   있 - 나
이   자 라 나 서   어 - 른 이   되 - 듯

요   흘 러 가 는   시 냇 물 을   잡 을 수 가   있 - 나
이   슬 - 픔 과   행 복 속 에   우 리 도

Rhythm Stroking Pattern

6비트 칼립소(Calypso)

기본패턴

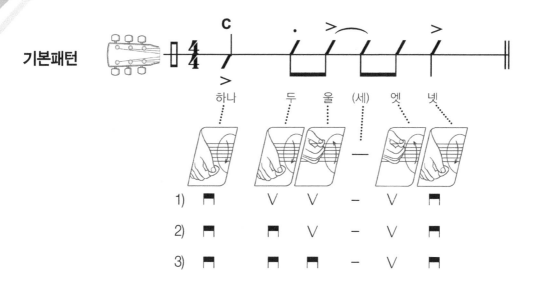

※ 〈칼립소〉 스트레킹에는 3가지 방식이 있습니다. 1)번이 가장 손쉽게 사용할 수 있는 스트로킹입니다.

반주해설

✔ 둘째 박에서 셋째 박으로 이어지는 '싱커페이션' 이 〈칼립소〉 리듬의 가장 큰 특징입니다. '싱커페이션' 이 나타나는 곳에서는 언제나 악센트를 넣어주는 것이 원칙입니다.

✔ 곡의 후반부에서는 리듬에 변화를 주기 위해 마지막 박(넷째 박)을 두 번 치고 있습니다.

✔ 〈칼립소〉리듬은 악센트가 세 곳에 나타나고 있습니다. 반주 악보에서 그 위치를 잘 파악하고 연주할 때 확실하게 전달하여야 합니다.

사용코드

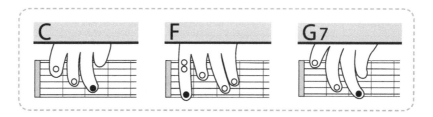

꿈을 먹는 젊은이

김중순 작사
김호남 작곡

타 오 르 ─ 는꿈을 안 고사 ─ 는젊은 이   여
푸 른나 ─ 래펴고 꿈 을먹 ─ 는젊은 이   여

우 리모-두같이 흥 겨웁-게노래 해   요
성 난파-도처럼 이 자리-를즐겨

요   -

행 복은-언제나 마 음속-에있는
사 랑과-욕망도 모 두마-셔버리

것
고

괴 로움-은모두 저 강물-에버려
내 일을-위해서

요   -   젊 음을-불태워 요 -

41

8비트 칼립소

기본패턴

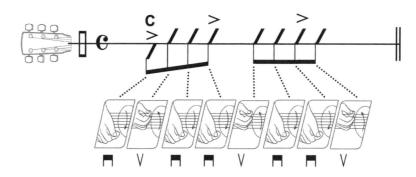

반주해설

✔ 〈칼립소〉리듬은 한 마디 안에 존재하는 3개의 악센트를 확실하게 표현하는 데에 생명력이 있습니다.

✔ 여기에서 사용되는 〈칼립소〉리듬은 일종의 변형 스타일입니다. 싱커페이션이 없이 8비트를 구사하면서 악센트만으로 〈칼립소〉리듬의 특징을 잘 표현하고 있습니다.

✔ 오른손의 '다운·업 스트로킹' 이 매우 변칙적입니다. 반주 악보를 참고하여 반드시 암기하여야 합니다. 자연스럽게 연주하려면 충분한 연습이 필요합니다.

※ 각각의 메이저 세븐(M7)과 마이너 세븐(m7) 코드를 쳐보면서,
서로의 음색의 차이를 비교하며 귀로 느껴보세요.

사용코드

〈FM7과 Em〉와 〈Dm, Dm7〉 그리고 〈Am, A7〉 코드의 음색을 서로 비교해 보세요.
그리고 그 느낌을 기억하세요.

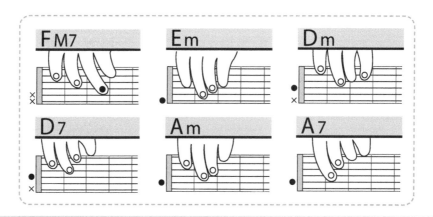

장 미

김미선 작사
이정선 작곡

Rhythm Stroking Pattern

비긴 - 2

기본패턴

반주해설

✔ 〈비긴〉 리듬은 첫 박 뒷꼬리에서 둘째 박 첫머리로 이어지는 싱커페이션(Syncopation)이 가장 큰 특징입니다. 싱커페이션은 악센트를 넣어 강하게 표현하여야 맛이 살아납니다.

✔ 이 리듬은 둘째 박 첫머리의 '쉬는 타이밍'(스트로킹하지 않는 부분)을 잘 지키는 것이 중요합니다. 카운트(박자를 세는 것)가 정확하지 않으면 전체적인 템포와 리듬이 무너집니다.

✔ 3·4박은 트로트나 폴카처럼 '쿵짝, 쿵짝' 하는 느낌으로 연주합니다. 이 때 저음부와 고음부의 구분을 확실하게 하여야 합니다.

사용코드

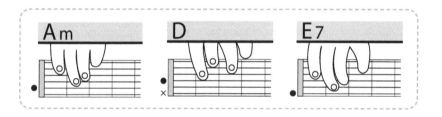

※ E7코드를 다른 폼으로도 연주하여 봅시다. (14쪽 **2**, **3**번 코드 참조)

창밖을 보라

T. 미첼 작곡

창밖 을보라　　창밖 을보 라　　흰눈 이내 린　다

창 밖을 보라 창 밖을 보라 찬 겨울이 왔다

썰 매를 타 는 어린 애들은 해가 는 줄도 모르 고
추운 겨울 이 다가 기전 에 마음 껏 즐 - 기 - 라

Fine
(ending)

눈길 위에 다 썰매 를 깔 고 즐겁 게 달린 다
맑고 흰눈 이 새봄 빛속 에 사라 지기 전 에

긴 긴 해가 다 가고 - 어둠 이 오 면

오 색빛이 찬 란한 - 거 리 거 리에 성 탄 빛

D.S. al Fine

4/4박자 소울(Soul)

기본패턴

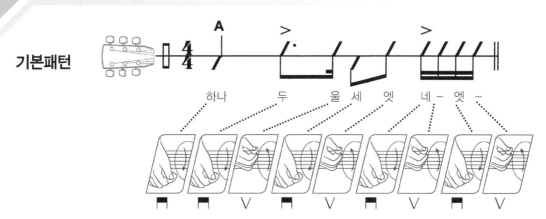

하나 　 두 　 울세 엣 네 – 엣 –

반주해설

✔ 〈소울〉 리듬의 특징은 둘째 박에 잘 나타나 있습니다. 점8분음표(♪.)는 한 박자에 꽉 차도록 충분히 길게 늘여주고, 16분음표(♪)는 다음 박에 밀어붙이듯이 아주 짧게 하는 것이 요령입니다.

✔ 특히 넷째 박의 연속적인 16분음표 리듬은 날렵하고 매끄럽게 연주하되 선명하게 새겨야 합니다. 손목에 너무 힘을 주어 스트로킹하는 것은 바람직하지 않습니다.

사용코드

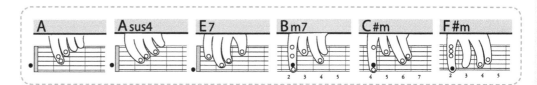

A　　Asus4　　E7　　Bm7　　C#m　　F#m

※ Bm7, C#m, F#m코드는 모두 '바 코드(ber chord)' 입니다. 충분한 연습이 필요합니다.

밤에 떠난 여인

김성진 작사
외국 곡

하 얀 손 을 흔 들 며　입 가 에 는 예 쁜 미 소　짓 지 만
그 녀 실 은 막 차 는　멀 리 멀 리 사 라 져 가　버 리 고
예 전 에 는 너 와 나　다 정 스 런 친 구 로 만　알 았 네

커 – 다 란 검 은 눈 에　가 득 고 인 눈 물 보 았　네 　 – –
찬 바 람 만 소 리 내 어　내 머 리 를 흘 날 리 는　데 　 – –
네 가 멀 리 떠 난 후 –　사 랑 인 줄 나 는 알 았　네 　 – –

Rhythm Stroking Pattern

4/4박자 디스코(Disco)

기본패턴

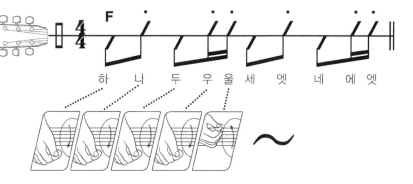

하 나 두 우울세 엣 네 에엣

반주해설

✔ 〈디스코〉는 끊임없이 저음부와 고음부 사이를 오르내리는 리듬입니다.
따라서 저음과 고음의 구분이 뚜렷해야 합니다.

✔ 각 박의 뒷부분은 강한 악센트를 넣어 짧게 끊어 쳐야 박력 있게 들립니다.
저음부 역시 강하고 묵직하게 쳐야 합니다.

※ 16분음표 리듬의 커팅 테크닉은 오랜 숙련이 필요하므로 초보자는 커팅을 무시하고 쳐도 좋습니다.

사용코드

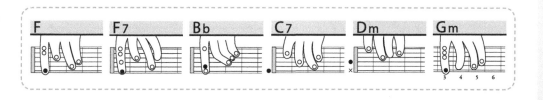

| F | F7 | Bb | C7 | Dm | Gm |

젊은 그대

안양자 작사
김수철 작곡

거 치 른벌판으로 - 달 - 려가자 -   젊음 의태-양을
미 지 의신세계로 - 달 - 려가자 -   젊음 의희-망을

F   Dm   F   Dm   F

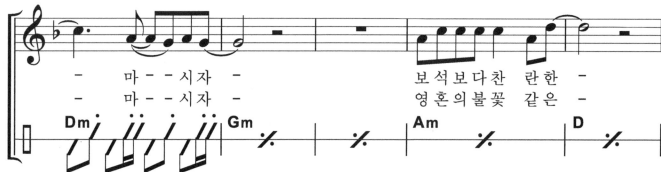

- 마 - - 시자 -   보석보다찬 란한 -
- 마 - - 시자 -   영혼의불꽃 같은 -

Dm   Gm   Am   D

무지개가살고있는 - 저 언덕너머 - 내일의 희망이-
숨결이-살고있는 - 아 름-다운 - 강산의 꿈들이-

Am · · : : · : : D Gm C7

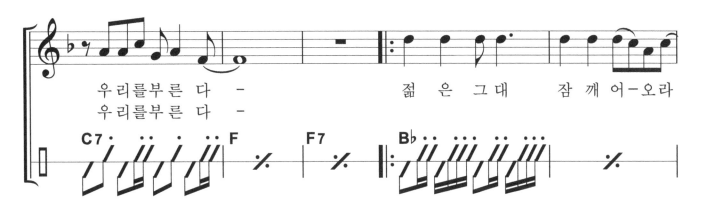

우리를부른 다 - 젊 은 그대 잠 깨 어-오라
우리를부른 다 -

C7 · · : · : : F F7 B♭ · · : · : : · · :

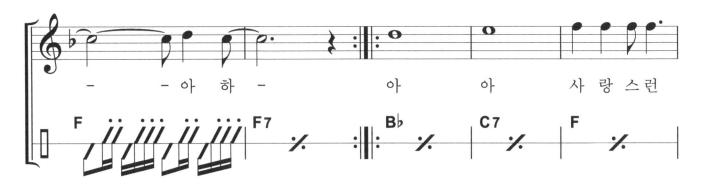

- - 아 하 - 아 아 사 랑 스 런

F · · : · · : : · · : F7 B♭ C7 F

1. 2.
젊은그대 - 젊은그대 - 젊 은 그 대 -

Dm · · : · · : : · · : Dm Gm C7 F · · : : · : :

49

3/4 리듬 스트로킹

4/4 리듬 스트로킹

6/8 리듬 스트로킹

셔플 리듬 스트로킹

트로트/폴카/마치

슬로우 록 패턴 1 패턴 2

굿거리 장단 - 비긴 굿거리장단 비긴

컨트리 비트 패턴 1 패턴 2

패턴 3 패턴 4

칼립소 리듬 스트로킹 패턴 1 패턴 2

패턴 3 패턴 4

비긴 - 룸바 비긴 룸바

보사노바 패턴 1 패턴 2

소울 - 디스코 소울 디스코

탱고 - 차차차 탱고 차차차

도돔바 - 볼레로 도돔바 볼레로

아르페지오 피킹 테크닉

아르페지오 피킹은 반주 형식에 따라 여러 종류의 $p·i·m·a$ 의 배합이 이루어 집니다.
코드 체인지는 리듬 스트로킹을 할 때보다 시간적 여유가 있어서 수월하며, 반주 패턴들을 잘 익혀두면
악보에 코드 네임만 있어도 훌륭한 반주를 만들어 낼 수 있습니다.

➡⤵ 오른손가락 기호와 연주 자세

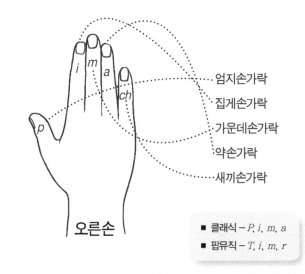

오른손가락
번호

오른손

- 엄지손가락
- 집게손가락
- 가운데손가락
- 약손가락
- 새끼손가락

■ 클래식 – P, i, m, a
■ 팝뮤직 – T, i, m, r

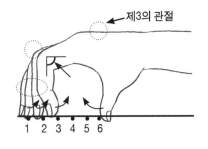

제3의 관절

1 2 3 4 5 6

손목은 움직이지말고 항상 제자리에 고정시킵니다. 제3의 관절을 축으로 하여 줄을 치되 i, m, a의 손가락은 위쪽으로 퉁겨 올리고, p는 아래쪽 방향으로 퉁깁니다.

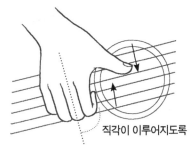

직각이 이루어지도록

손목은 고정시킨채 손가락은 줄과 직각을 유지하는 것이 좋습니다. 줄을 칠 때에도 줄에 대해 직각 방향으로 움직이도록 합니다.

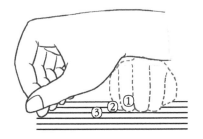

손목과 줄사이의 간격은 주먹이 들어갈 수 있을 정도의 공간을 둡니다. 특히 ①, ②, ③번줄을 치는 i, m, a는 손가락이 일직선을 이루도록 가지런한 상태를 유지하는 것이 좋습니다.

각 손가락이 담당하는 줄

✔ 오른쪽의 그림은 *i*·*m*·*a* 손가락의 경우, 반주 형식에 따라 담당하는 줄이 달라질 수 있습니다.

✔ 엄지(*p*) 손가락은 코드 네임에 따라 줄이 결정되며, 거의 모두가 ④·⑤·⑥번줄 사이에서만 이루어집니다.

p···(엄지손가락) - ④·⑤·⑥번줄
i ···(집게손가락) - ③번줄
m···(가운데손가락) - ②번줄
a ···(약손가락) - ①번줄

이 관절을 구부려서 피킹

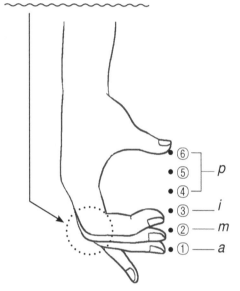

손목과 손가락의 자세

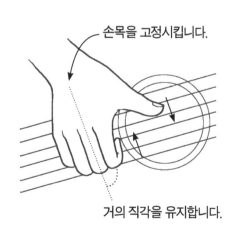

손목을 고정시킵니다.

거의 직각을 유지합니다.

손 끝이 줄에 닿는 부분

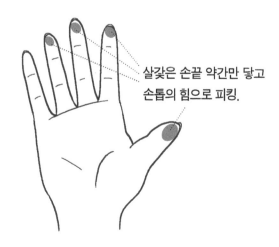

살갗은 손끝 약간만 닿고 손톱의 힘으로 피킹.

엄지(p)의 피킹 폼

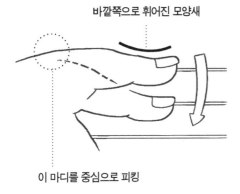

바깥쪽으로 휘어진 모양새

이 마디를 중심으로 피킹

i, m, a의 피킹 폼

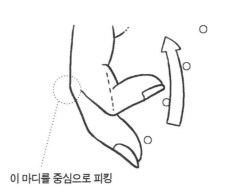

이 마디를 중심으로 피킹

옆에서 본 자세

정면에서 본 자세

오른손의 안쪽, 즉 손바닥은 달걀 하나를 쥐고 있는 느낌으로 공간을 만들어주는 것이 피킹하기에 편합니다.
줄과 손가락이 가능한 한 직각을 유지하는 것이 좋습니다. 이것은 피크로 줄을 퉁기는 자세와 같은 이유입니다.
손과 팔은 손목 부분에서 편한 자세로 L자형을 유지하고, 손가락과 팔꿈치의 힘을 뺍니다.

➜ ↝ 아르페지오 기초 연습

오른손 손가락의 위치가 변형된 아르페지오를 연습해 보세요.

Arpeggio Picking Pattern

기본패턴

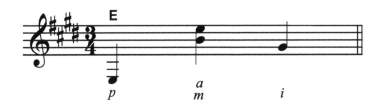

반주해설

✔ 가장 단순한 형식의 "왈츠 아르페지오"입니다.

✔ 3/4 박자에서 엄지(p)로 퉁기는 베이스 피킹(bass picking)은 마디의 첫머리에서 한 번만 등장합니다.

✔ 악센트(>) 표시가 없더라도 베이스음은 항상 강하게 퉁기는 것이 원칙입니다.

  ※ 베이스음은 뒤로 이어지는 중·고음의 화음(chord)들을 떠받들고, 포근히 감싸안는 중요한 음입니다. 마치 집을 안정되게 떠받치고 있는 주춧돌의 역할을 맡고 있습니다. 이러한 이유로 베이스 음은 항상 강하고 묵직하게 연주해야 합니다.

✔ 둘째 박에 등장하는 ①·②번줄 "동시 피킹"이 이 반주 패턴의 특징입니다. 제일 낮은 음에서 제일 높은 음으로 급격히 솟구쳤다가 중간 음으로 돌아오는 음정의 흐름이 매우 돋보입니다.

✔ 템포가 처지지 않게, 노래도 함께 불러가며 경쾌하고 밝은 반주를 만들어 봅시다.

사용코드

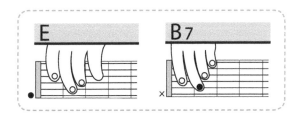

▶ D로 시작되는 코드는 무조건 ④번줄을 엄지(p)로 칩니다.

  A, B, C로 시작되는 코드는 무조건 ④번줄을 엄지(p)로 칩니다.

  E, F, G로 시작되는 코드는 무조건 ④번줄을 엄지(p)로 칩니다.

  ※ 예를 들어, D코드 뒤에 어떠한 숫자나 문자가 따라붙어도 상관없이 D로 시작되는 코드는 무조건 ④번줄을 치라는 뜻입니다.

  ※ 공식처럼 외웁시다.

코드	치는 줄 번호
A·B·C	⑤번 줄
D	④번 줄
E·F·G	⑥번 줄

동무들아

윤석중 작사
외국 곡

동 무 들 아 오 너 라 서 로 들 손 잡 고

노 래 하 며 춤 추 며 놀 아 보 자

낮 에 는 해 동 무 밤 에 는 달 동 무
비 오 면 비 동 무 눈 오 면 눈 동 무

우 리 들 은 즐 거 운 노 래 동 무
우 리 들 은 정 다 운 어 깨 동 무

21

4/4박자 아르페지오 -1

기본패턴

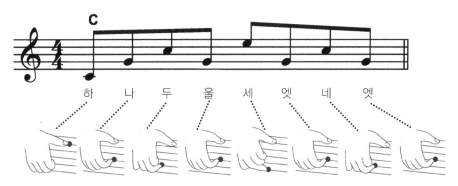

하 나 두 울 세 엣 네 엣

반주해설

- ✔ 4/4박자의 곡에서 가장 널리 애용되는 아르페지오 패턴 중의 하나입니다.
- ✔ 마디의 첫 음에 등장하는 베이스 피킹(*p*)은 항상 강하게 줄을 퉁겨야 합니다.
- ✔ 각 박의 뒷부분은 항상 집게손가락(*i*)으로 치는 것이 이 반주의 특징입니다.

[이 곡에서는 〈C → Am → Dm → G7〉으로 반복 진행되는 순환 코드가 등장합니다.
포크 뮤직에서는 이러한 형식의 코드 진행이 자주 사용됩니다.

사용코드

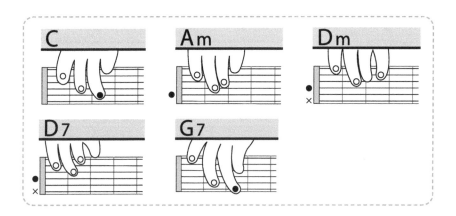

꽃반지 끼고

은희 작사
외국 곡

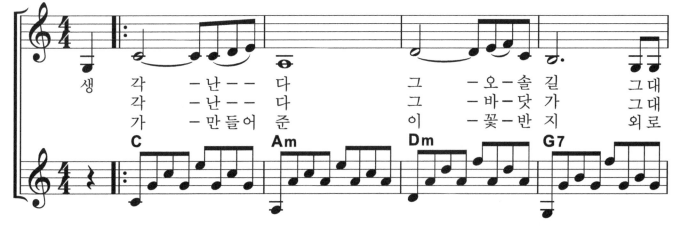

생 각 ―난―― 다   그 ―오―솔 길   그 대
각 ―난―― 다   그 ―바―닷 가   그 대
가 ―만 들어 준   이 ―꽃―반 지   외 로

59

3/4박자 - 2

기본패턴

p i m i a i

반주해설

✔ 3/4박자에서 가장 널리 활용되는 '왈츠 아르페지오 반주' 중의 한 종류입니다.

✔ 마디 첫머리에는 엄지(p)로 퉁기는 베이스 피킹이 등장합니다. 악센트 표시가 없어도 강하고 묵직하게 치는 것을 잊지 말아야 합니다.

✔ 아르페지오로 반주하는 경우, 보다 안정된 템포와 생동감 있는 율동을 실어주려면 2·3박의 첫머리를 약간 강하게 치는 것이 바람직합니다.

사용코드

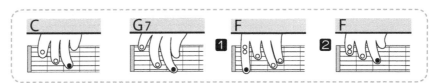

F코드 중에서 **1**번은 바 코드이고, **2**번은 약식 코드, 초보자는 **2**번 코드가 누르기 쉽습니다.

아름다운 것들

방의경 작사
외국 곡

꽃 잎 끝 에 — 달 려 있 는 작 —
마 두 가 고 — 다 리 도 없 는 가 —
잎 끝 잃 고 사 라 진 숲 에 는 나 무

은 이 슬 방 — 울 들 빗 줄 기
엾 은 — 작 은 새 는 바 람 이
들 만 — 남 아 있 네 때 가 되 면

p i m i a i

4/4박자 **아르페지오** - 2

기본패턴

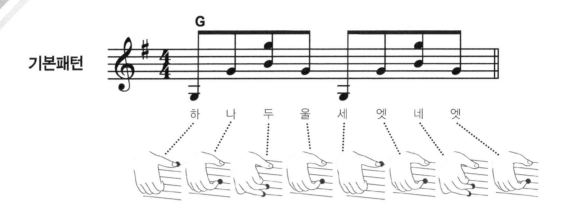

하 나 두 울 세 엣 네 엣

반주해설

✔ 서정적인 멜로디의 외국곡으로 우리 가사로 번안해 부른 곡으로 유명합니다.

✔ 대부분의 4/4박자 곡에 손쉽게 적용할 수 있는, 매우 유용한 반주 패턴입니다.

✔ 둘째와 네째박의 '2줄 동시 피킹'은 음량의 크기를 항상 고르게 해야 합니다.

✔ 첫째와 세째박의 베이스음은 항상 묵직하고 강하게 치는 것을 명심합시다.

※ 이 반주의 특징은 한 마디 안에서 같은 패턴이 두 번 등장한다는 점입니다. 따라서 엄지(p)로 퉁기는 베이스 피킹 역시 두 번 등장합니다. 이 반주 스타일은 한 마디 내에서 코드가 2개 등장하는 경우에 매우 편리하게 활용됩니다. 어쨌든 4/4박자의 곡에서 가장 편안하게 반주할 수 있는 아르페지오 패턴입니다.

> 퀵 아르페지오(quick arpeggio) : 엄지(p)나 집게손가락(i)으로 줄을 훑어 내리는 주법.
> 너무 빨라지거나 혹은 처지지 않도록 원래의 템포와 조화를 잘 이뤄야합니다.

사용코드

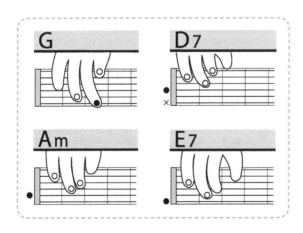

하얀 손수건

조용호 작사
외국 곡

헤 어 지 자 보 내 온 그 녀 의 편 지 속 에
향 을 떠 나 올 때 언 덕 에 홀 로 서 서

곱 게 접 어 함 께 부 친 하 얀 — 손 수 건 고
눈 물 로 흔 들 어 부 주 던 하 얀 — 손 수

건 그 때 의 눈 물 자 위 사 라 져 버 리 고 흐

르 는 내 눈 물 이 그 위 를 적 시 네 —

기본패턴

반주해설

- 1·2박의 8분음표에 비해, 마지막 박을 한번만 피킹함으로서 리듬에 색다른 맛을 더해주고 있는 3/4 박자 반주 패턴입니다.
- 2·3박에 나타나는 '2줄 동시 피킹'을 부드럽게 처리해야 멋진 반주가 됩니다. 연습할 때 두 화음의 음량에 귀를 기울여 어느 한 쪽 음이 더 크거나 작아지지 않도록 *p*, *a* 가 만들어내는 피킹 동작의 크기가 서로 균형을 이뤄야 합니다.
- 곡을 처음으로 마쳤을 때에는 달세뇨(𝄋)로 되돌아가고, 두 번째에는 곡의 맨 처음으로 되돌아간 다음 피네(𝄐 = Fine)에서 마칩니다.

사용코드

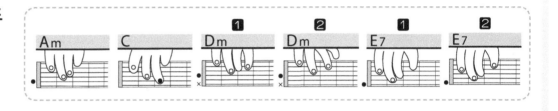

날이 갈수록

김상배 작사
김상배 작곡

흩 어 져 날 – 리 면 – 캠 퍼 스 잔 디 위
무 정 한 세 월 이 여 – 꽃 잎 이 떨 어 지
E7
Am
엔 – 또 다 시 황 금 물 결 – 잊
니 – 젊 음 도 곧 가 겠 지 – 머
E7
Am
을 수 없 는 얼 – – 술
물 수 없 는 시 – – 절
Dm
C
– 얼 굴 얼 굴 얼 – 굴 –
– 우 리 들 의 시 – 절 –
D.C. al Fine
E7
Am

Arpeggio Picking Pattern

4/4박자 아르페지오 - 4

기본패턴

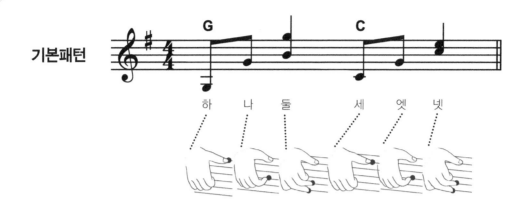

하 나 둘 세 엣 넷

반주해설

✔ 하와이의 토속적인 정서가 물씬 풍기는 민요풍의 노래입니다.

✔ 1·3박은 8분음표, 2·4박은 4분음표 리듬으로 되어 있습니다. 이 부분을 파도가 철석이는 듯한 느낌으로 표현해 봅시다.

✔ 두 번째 마디에서는 1·2박이 모두 8분음표 리듬으로 되어 있습니다. 앞마디와 어떠한 느낌의 차이가 있는지 비교하여 봅시다.

✔ 후렴은 앞의 연습곡에서 이미 익힌 전형적인 반주 패턴을 활용함으로서 전반부와는 다른 느낌의 변화를 꾀하고 있습니다. (p.62〈하얀 손수건〉과 같은 반주 패턴)

사용코드

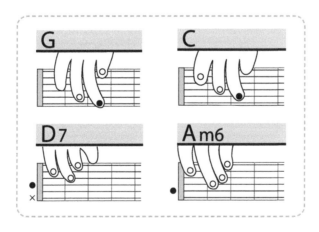

알로하 오에

하와이 민요

검은 구름 하늘을가려 도 이별 의 날은왔도 다 다시
오는 저물 결소리 도 이별 을 서러워하 고 날마

만날 날을 기대하 고 서로 작 별하며떠나가 리 알
다가 는갈 매기떼 들 우리 의 작별을슬퍼하 리

로 하 오에 알 로 하 오에 꽃 피 는시절 다시만나 리 니 알

로 하 오에 알 로 하 오에 다 시 만날때 까 지 들려 지

26

Arpeggio Picking Pattern

3/4박자 **왈츠 - 4**

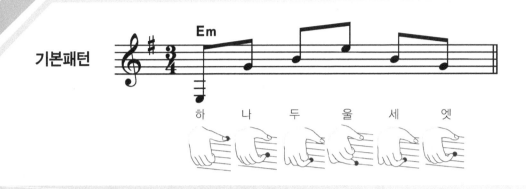

기본패턴

하 나 두 울 세 엣

웨딩 드레스

이희우 작사
정풍송 작곡

1. 당 신 의 웨 딩 드 레 – 스 는 정 말 아 름
2. 당 신 의 웨 딩 드 레 – 스 는 은 빛 순 결

다 웠 소 – 춤 추 는 웨 딩 드
이 었 소 – 잠 자 는 웨 딩 드

레 스 는 더 욱 아 름 다 웠 소
레 스 는 레 몬 향 기 였 다 오

68 올인원 통기타 교본 기타러시

기본패턴

p p i m a m i p

반주해설

✔ 첫 박은 연속적인 베이스 피킹이며, 마지막 음도 베이스 피킹입니다. 한 마디에 3번씩 등장하는 엄지의 핑거링 동작이 좋아야 멋진 반주를 만들 수 있습니다.

✔ 저음에서 계단을 밟듯이 고음으로 올라갔다가 다시 저음으로 내려오는, 부드러운 곡선을 그리는 4/4박자 반주 패턴입니다.

✔ 분위기 있는 반주를 만들려면 오른손가락의 움직임이 매끄럽고 자연스러워야 합니다.

사용코드

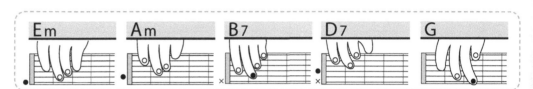

D7/A는 "베이스 지정 코드" 입니다. 이는 원래의 베이스음인 D음 대신에 엄지로(p)

A음을 치라는 지시입니다. (코드 폼은 그대로이며 ④번줄 대신 ⑤번줄을 엄지로 칩니다.)

모두가 사랑이예요

윤경아, 이주호 작사
이주호 작곡

모두가 이-별- 이-예-요 따 뜻 한 공간과도 이 -별
모두가 사-랑- 이- 예-요 사랑하 는 사-람도 많 구요

Em B7 Em

p p i m a m i p

수많은 시간과도 이별 이지요 이-별이-지- 요 콧날
사랑해주는사-람도 많-았어요 모두가 사랑 이예 요 마음

Em B7 Em

71

28

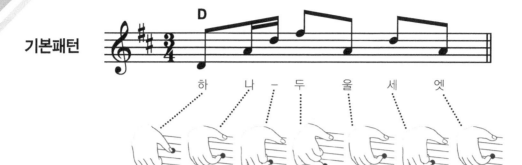

Arpeggio Picking Pattern

3/4박자 왈츠 - 5

기본패턴

하 나 − 두 울 세 엣

반주해설

✔ 첫 박에 등장하는 16분 음표가 리듬에 속도감을 주어 전체적인 활기를 불어넣고 있습니다.

✔ 초보자들은 16분 음표를 무조건 빠르게만 치려고 생각합니다. 본래의 템포에 맞춰서 여유 있게 반주하여야 합니다. 다급해지는 것은 금물입니다.

✔ 후반부의 8마디는 '리듬 스트로킹' 으로 변화를 꾀하면서 분위기를 고조시키고 있습니다.

사랑은

정두영 작곡

기본패턴

반주해설
- ✔ 서정적인 분위기를 연출하는 아름다운 멜로디의 애창곡입니다.
- ✔ 첫 박은 연속적인 베이스 피킹이므로 엄지의 동작에 주의합시다. 특히 3·4박의 오른 손 핑거링 순서를 확실하게 파악해야 반주의 특징을 잘 살려낼 수 있습니다.
- ✔ 곡 중간 중간에 2개의 코드가 등장하는 마디가 있습니다. 두 번째 코드는 항상 '2줄 동시 피킹' 이므로 많은 연습이 필요합니다. 두 음을 선명하게 부각시키는 것이 중요합니다.

사용코드

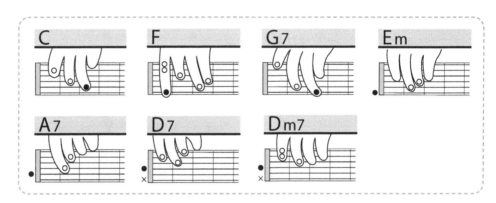

※ 다양한 코드가 등장하고 있습니다. 멜로디에 따라 흐르는 "코드 진행"을 눈여겨 봅시다.

바위섬

배창희 작사
배창희 작곡

파 도 가　부서지는　바 위 섬　인　적 없던이곳 에　　세상
밤　폭풍우에　휘 말 려　모　두사ー라지 고　　남은

Arpeggio Picking Pattern

6/8박자 - 1

기본패턴

반주해설

- ✔ 너무나도 잘 알려진 성탄곡입니다. 느리고 여유 있는 템포로 성스러운 분위기의 반주를 만들어봅시다.
- ✔ 제일 낮은 저음에서 제일 높은 고음으로 급격히 솟구쳤다가 다시 중간 음으로 이어지는 인상적인 아르페지오로서, 화음의 전개가 폭넓게 이루어지는 6/8 박자 반주 패턴입니다.
- ✔ '2줄 동시 피킹'은 두 음 사이의 소리 크기, 즉 음량의 균형을 잘 맞춰야 합니다. 어느 한 음이 크거나 작게 들리는 일이 없도록 오른손 핑거링 동작에 유의합시다.
- ✔ 베이스음은 악센트 표시가 없다 할지라도 항상 강하고 묵직하게 치는 것을 잊지 맙시다.

사용코드

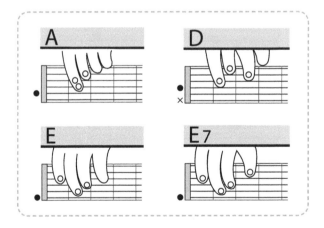

A
D
E
E7

고요한 밤 거룩한 밤

그루버 작곡

기본패턴

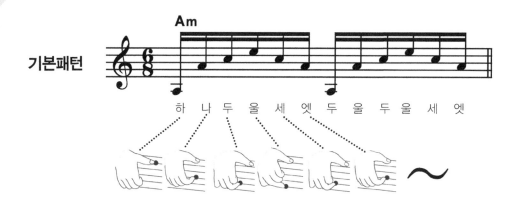

하 나 두 울 세 엣 두 울 두 울 세 엣

반주해설

✔ 널리 애창되는 우리의 가곡입니다. 느린 템포이므로 차분하게 반주하는 것이 좋습니다.

✔ 펼쳐지는 화음이 완만한 포물선을 그리며 전개되는 부드럽고 아름다운 6/8 박자 반주 패턴입니다. 3/4박자의 곡에서도 많이 활용되는 주법입니다.

✔ 베이스 피킹은 항상 묵직하고 강하게 쳐서, 이후에 등장하는 중·고음의 화음들을 넉넉하게 감싸 안아야 합니다.

✔ 네 번째 마디마다 나타나는 변화 패턴에 주의해야 합니다. 리듬을 확실하게 새겨서 연주하도록 합시다.

> ※ 6/8 박자 리듬은 3/4 박자가 한 마디 안에 2개가 있다고 생각하면 이해하기 쉽습니다. 즉 6/8 박자는 3/4 박자가 반으로 축소되어 2개로 만들어진 꼴입니다. - 따라서 6/8 박자 리듬이나 아르페지오는 3/4 박자와 비슷한 유형이 많습니다. 이 곡 역시 박자만 다를 뿐 〈웨딩 드레스〉와 기본적으로 같은 반주 형식입니다.

사용코드

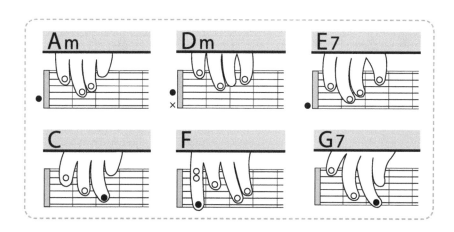

기다리는 마음

김민부 작사
장일남 작곡

일출봉에 해 뜨거든 날 불러주오 —
봉덕사에 종 울리면 날 불러주오

월출봉에 달 뜨거든 날 불러주오 —
저바다에 바람불면 날 불러주오 —

기다려도 기 — 다려도 임 오지않고 —
기다려도 기 — 다려도 임 오지않고

빨래소리 물레 — 소리에 눈 물흘 — 렸 네 —
파도소리 물새 — 소리에 눈 물흘 — 렸네

6/8박자 왈츠 - 3

기본패턴

하나　두　울　셋　두　울　두　울　셋

반주해설

✔ 첫 박과 둘째 박이 서로 다른 형태로 조합되어서 하나의 리듬 단위를 이루는 매우 독창적인 아르페지오입니다.

✔ 템포가 빠른 곡이지만 처음 연습은 느린 템포로 시작하는 게 좋습니다. 차차 익숙해지면 조금씩 속도를 올리는 것이 요령입니다.

✔ 16분 음표 화음은 가볍게 처리해야 합니다. 오른손가락에 너무 힘이 들어가면 템포가 뒤틀립니다.

✔ 곡의 후반부에서는 변화 패턴이 등장하고 있습니다. 앞서 익힌 패턴이므로 무리 없이 소화하기를 바랍니다.

✔ '2줄 동시 피킹'이 빈번하게 등장하므로 이를 선명하게 처리해야 깨끗한 반주가 만들어집니다.

사용코드

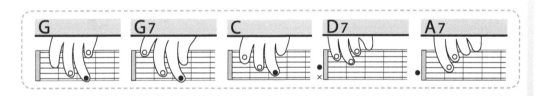

과수원 길

박화목 작사
김공선 작곡

동　구　밖　　과 수 원 길　　아카시아꽃이활 짝 폈 네 　ー

하이얀 꽃 이 - 파리 눈 송이처럼 날 - 리 네 -

향 긋한 꽃 냄새가 실 바람타고 소 올 솔 -

둘 이 서 말 이 없 네 얼 굴 마 주보 며 생 끗 -

아 카 시 아 꽃 하 얗 게 핀 먼 옛 날 의 과 수 원 길 -

33

Arpeggio Picking Pattern

4/4박자 폴카(Polka)

기본패턴

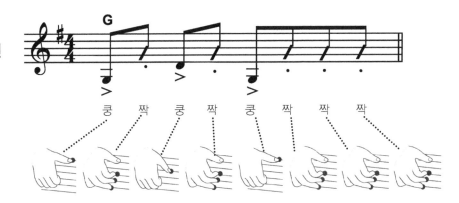

쿵   짝   쿵   짝   쿵   짝   짝   짝

반주해설

✔ 너무나 잘 알려진 X-mas 캐럴입니다. 폴카 리듬이 자아내는 흥겨운 분위기를 잘 살려서 연주해 봅시다.

✔ 반주 요령은 〈트로트〉나 〈마치〉와 거의 같지만, 〈폴카〉는 템포가 빠르고 경쾌한 것이 특징입니다.

✔ 곡 전반부의 3·4박에 등장하는 '쿵짜짜짜' 하는 리듬이 매우 흥미롭고 독창적인 리듬 스타일을 만들어내고 있습니다.

✔ 반주 악보의 리듬표 부분은 모두 ①, ②, ③번줄을 짧게 끊어 치는 '커팅 테크닉' 입니다. 많은 연습이 필요합니다.

> ※ 커팅 테크닉(cutting technique) : 음을 짧게 끊어 치는 주법을 뜻하며 부호는 점(·)으로 표시됩니다. - 줄을 내리치면서 오른손바닥을 줄에 가볍게 대어 소리를 끊어주는 것이 요령. 이 때 손바닥이 줄에서 떨어져서는 안됩니다.

사용코드

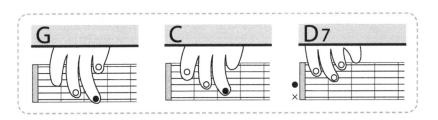

징글 벨즈

피어폰트 작곡

흰눈사이로　썰매를타고　달리는기분　상쾌도하다 —

종이울려서　장단맞추니　흥겨워서소리높여　노래부른다

종소리 울려라　종소리울려　우리썰 매빨리달려　종소리울려 라

종소리 울려라　종소리울려　기쁜노 래부르면서　빨리달리자

83

34

Arpeggio Picking Pattern

3/4박자 왈츠 - 1

기본패턴

반주해설
- ✔ 4/4 박자의 셔플 곡에 가장 쉽게 적용시킬 수 있는 반주 패턴입니다.
- ✔ 한 박자를 3등분하여 점8분음표와 16분음표를 2:1의 비율로 연주합니다. 입으로 표현 하자면 "따안/따, 따안/따 ~" 하는 식입니다. 한 박에서 이루어지는 두 음의 길이를 확 실하게 새겨야 합니다.
- ✔ 곡의 전반부는 〈C→Am→Dm→G7〉의 순환코드로 진행되고 있습니다.
- ✔ 2·4박 첫머리의 '2줄 동시 피킹'은 항상 같은 음량으로 고르게 쳐야 합니다.

사용코드

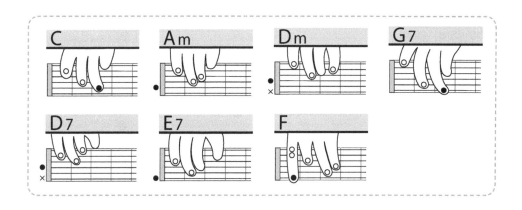

봄이 오는 길

김기웅 작사
김기웅 작곡

산 너 머 조 붓 한 오 솔 길 에 —   봄 이 찾   아   온 — 다 네 —
아 지 — 랑 이 — 속 삭 이 네 —   봄 이 찾   아   온 — 다 고 —

35

Arpeggio Picking Pattern

셔플(Shuffle) - 3

개똥벌레

한돌 작사
한돌 작곡

아무 리우겨봐 도　어쩔 수 없 네
마음 을다주어 도　친구 가 없 네

저기 개 똥 무 덤 이　내ー 집인 걸 ー
사랑 하 고 싶 지만　마음 뿐인 걸 ー

가슴 을내밀어 도　친구 가 없 네
나는 ー개똥벌 레　어쩔 수 없 네

노래 하 던 새 들도　멀리 날아가 네
손을 잡 고 싶 지만　모두 떠나가 네

✔ 앞서 나왔던 패턴이지만 베이스 피킹에 변화가 있습니다. 2, 4, 6, 8마디에 등장하는 베이스음의 미묘한 변화(bass run)를 확실하게 새겨야 합니다.

✔ 후반부에서는 셋째 박에 셋잇단음이 등장하고 있습니다. 연속적인 베이스 피킹을 잘 구사해야 멋진 반주가 됩니다.

사용코드

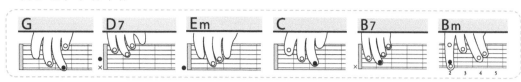

36

Arpeggio Picking Pattern

슬로우 록(Slow Rock) - 1

사랑해

오경운 작사
변혁 작곡

사 랑해 당신 을   정 말로 사 - 랑
멀 리떠 나버 린   못 잊을 님 - 이

G   Em   C

해   당 신이 내 - 곁 을
여   당 신이 내 - 곁 을

D7   G   Em

떠 나간 뒤 - - 에   얼 마 나 - - -
떠 나간 뒤 - - 에   밤 마 다 - - -

C   D7   G

눈 - 물 - 을   흘 렸 는지 모른다 오
그 - 리 - 는   보 고 싶은 내사랑 아

C   D7   G

반주해설   ✔ 슬로우 록은 한 박을 3등분하여 연주하는 느린 템포의 반주입니다.
            ✔ 한 마디 안에서 같은 패턴이 두 번 반복되는 것이 특징입니다.
            ✔ 2·4박 첫머리에 약간의 악센트를 넣어야 안정된 템포와 리듬의 특징을 살릴 수 있습니다.

사용코드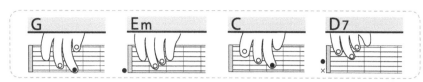

37

Arpeggio Picking Pattern

슬로우 록(Slow Rock) - 3

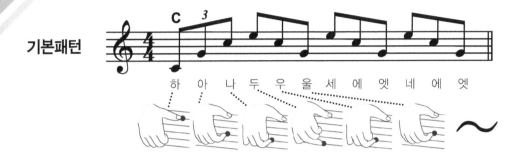

기본패턴

하 아 나 두 우 울 세 에 엣 네 에 엣

반주해설
- ✔ 〈C→Am→Dm→G7〉으로 반복되는 전형적인 순환 코드의 반주입니다.
- ✔ ①, ②, ③번줄을 연속적으로 퉁기는 2·3·4박의 '하행 아르페지오'를 마치 낙엽이 우수수 떨어지는 듯한 애잔한 분위기로 표현해 봅시다.
- ✔ 2·3·4박의 첫머리에 악센트를 넣어야 안정된 템포와 진한 울림을 유지할 수 있습니다.

이루어질 수 없는 사랑

방의경 작사
김광희 작곡

기본패턴

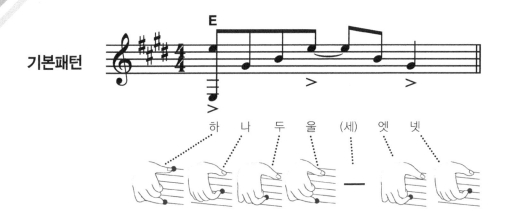

반주해설

✔ 둘째박의 뒷 음과 셋째박의 첫 음이 하나로 연결되는 '싱커페이션(Syncopation)' 이것이 〈칼립소〉 리듬의 가장 큰 특징입니다.

✔ 마지막 박에서는 한 번만 피킹하고 있음에 주의합시다. 이 부분이 리듬에 묘미를 더해 주고 있습니다.

✔ 〈칼립소〉 리듬은 악센트가 나타나는 세 곳의 위치를 확실하게 파악하고 연주해야 합니다.

사용코드

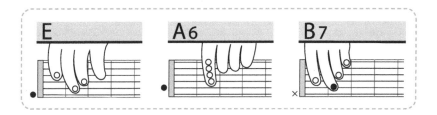

노랑새

미국 민요

노   랑   새   저 귀 여 운 작 은   새

비긴(Beguine)

기본패턴

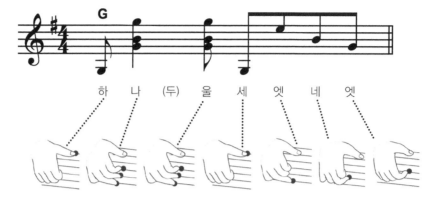

반주해설

✔ 〈비긴〉의 가장 큰 특징은 첫 박에 등장하는 싱커페이션 리듬에 있습니다. 바로 이 부분이 리듬에 탄력과 긴장감을 만들어줍니다. 특히 3·4박은 '하행 아르페지오'를 활용하여 독특한 변화를 선보이고 있습니다.

✔ 후렴은 '무빙 베이스'(moving bass) 주법. '무빙 베이스'는 코드의 으뜸음만을 사용하지 않고 코드의 3화음을 모두 활용하는 화려한 반주 형식입니다.

✔ 〈비긴〉 리듬의 3·4박은 트로트나 폴카에서 처럼 '쿵짝, 쿵짝 ~' 하는 리듬을 사용하는 것이 또 하나의 특징입니다.

비둘기집

전우 작사
김기웅 작곡

비 둘기 처럼 다 정한   사 람들 이라 면

장 미꽃 넝쿨 우 거진   그런집을 지어 요

40

Arpeggio Picking Pattern

룸바 - 1

기본패턴

p p i m i m i p m i p

반주해설

✔ 첫 박에 등장하는 16분음표 화음이 〈룸바〉 리듬의 화려함과 속도감을 더해주고 있습니다. 이 부분은 원래 세 음 정도를 쭉 훑어 내리는 것이 원칙이지만 여기에서는 2개의 16분음표로 단순화시켰습니다.

✔ 첫 박의 두 음은 연속적인 베이스 피킹입니다. 매끄럽고 날렵하게 처리해야 합니다.

✔ 셋째 박의 첫 음은 베이스음과 약지(*a*)로 퉁기는 '2줄 동시 피킹' 입니다. 두음을 선명하게 부각시켜야하므로 충분한 연습이 필요합니다.

사용코드

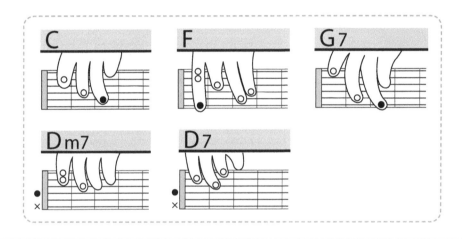

루돌프 사슴코

맥퀴 작곡

루돌 프사 슴 코 는   매 우반 짝 이 는 코   만 일 네가 봤

다른 모든 사 람 들   놀 려대 며웃 었 네   가 엾 은저 루

p p i m i p m i p

97

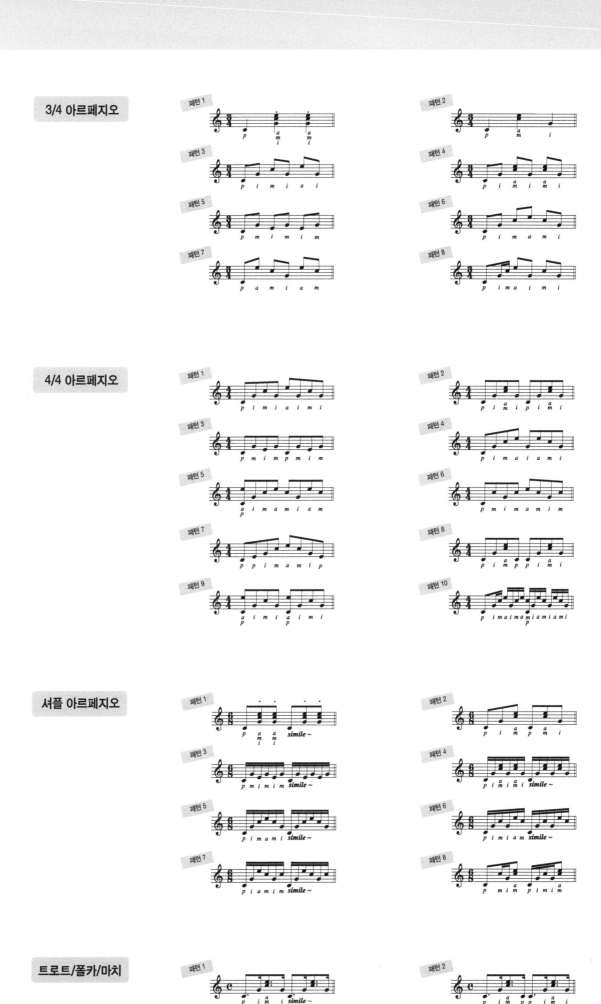

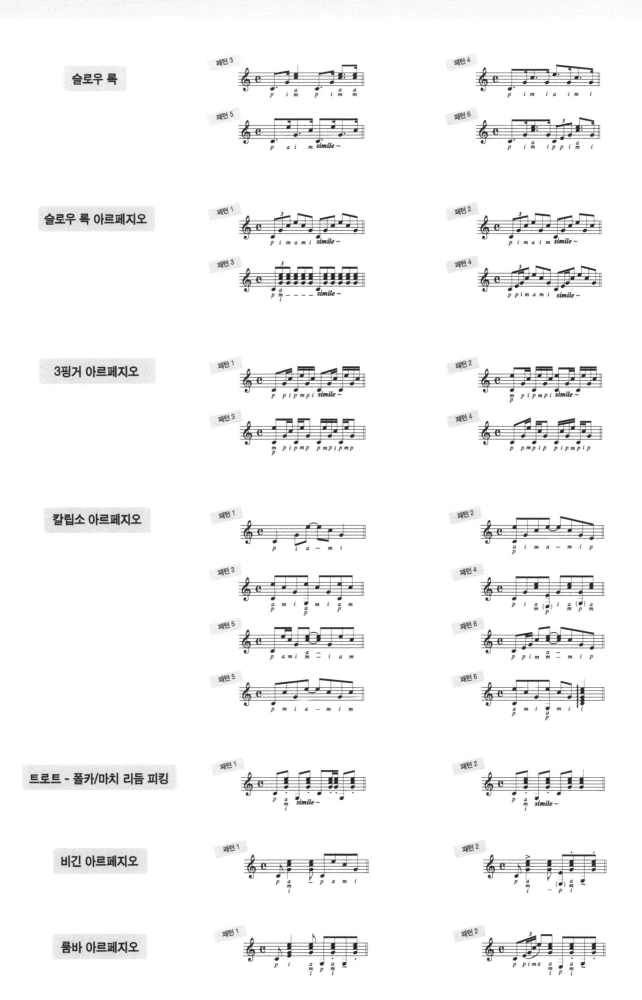

✦⇨지판과 메이저 스케일

●음이름

지판의 음이름은 다음과 같습니다.

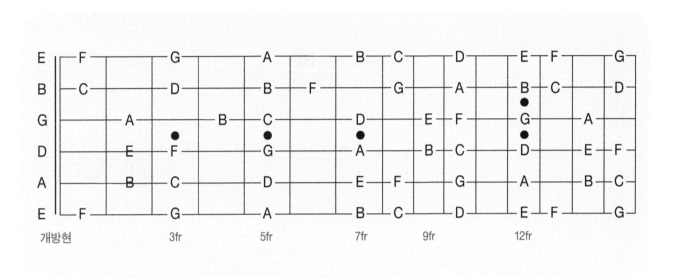

●한 줄에서의 메이저 스케일

메이저 스케일은 3~4음과 7~9음 사이가 반음이며 나머지 음은 모두 온음으로 이루어져 있기 때문에 음정 간격은 아래와 같습니다. 이 모양은 줄이나 프렛이 달라져도 항상 같은 모양을 유지하기 때문에 이 폼을 외워두면 키를 바꿀 때에 유용하게 사용할 수 있습니다.

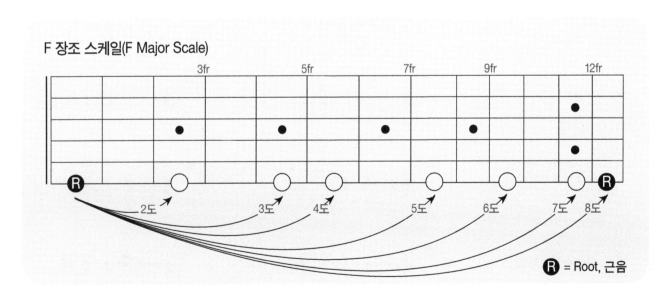

F 장조 스케일(F Major Scale)

●세 줄에서의 메이저 스케일

실제로 메이저 스케일을 한 줄에서만 연주하는 것은 매우 불편하기 때문에 연주하기 편한 포지션을 활용하기 위해 기본적으로
다음과 같이 세 줄을 이용해 연주합니다.

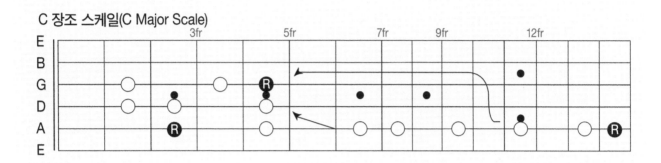

C 장조 스케일(C Major Scale)

●메이저 스케일 폼

메이저 스케일 폼은 한 프렛당 한 손가락씩 연주합니다.

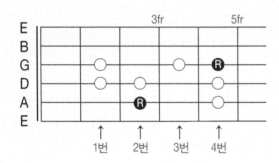

●메이저 스케일 폼의 이동

메이저 스케일 폼을 그대로 다른 키로 이동시키면 그 키에서의 메이저 스케일이 됩니다.

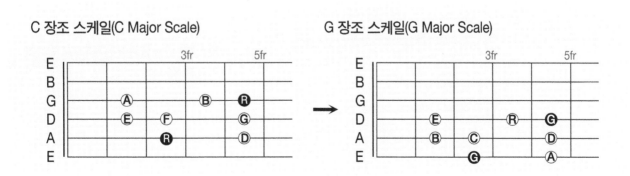

C 장조 스케일(C Major Scale)   G 장조 스케일(G Major Scale)

● 2번 줄과 1번 줄의 메이저 스케일 폼

메이저 스케일 폼은 그대로 이동시키면 다른 키에서의 메이저 스케일이 되지만, 2번 줄과 1번 줄이 포함되면 폼이 달라집니다.
2번 줄은 다른 줄보다 반음이 낮은데, 6번 줄부터 규칙적으로 음이 배열되기 때문에 2번 줄이 반음 낮아지면서 1번 줄도 같이 반음 낮아지게 됩니다. 그러므로 2번 줄과 1번 줄이 포함되어 있는 폼은 기본적으로 반음씩 올려서 지판을 눌러야 합니다.

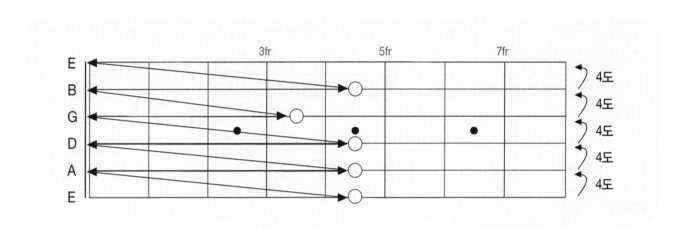

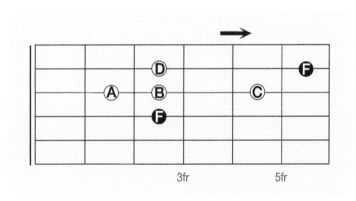

2번 줄이 포함된 메이저 스케일 폼은 2번 줄의 음들이 전체적으로 반음(한 칸)씩 옮겨집니다.

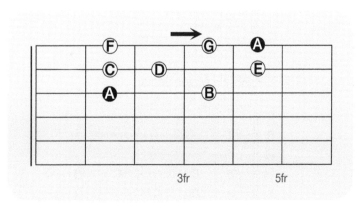

1번과 2번 줄 모두 포함된 메이저 스케일 폼은 2번 줄의 음들이 전체적으로 반음(한 칸)씩 옮겨집니다.

⇨ 스케일 연습

●1옥타브 연습

연습1 기본 1옥타브 스케일

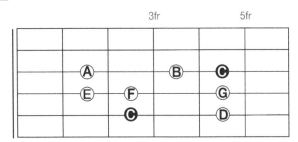

연습2 2번 줄이 포함되어 왼손이 한 칸씩 옮겨진 1옥타브 스케일

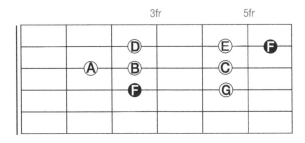

● 2옥타브 연습

연습1　기본 1옥타브 스케일

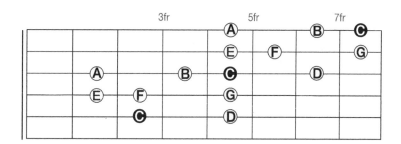

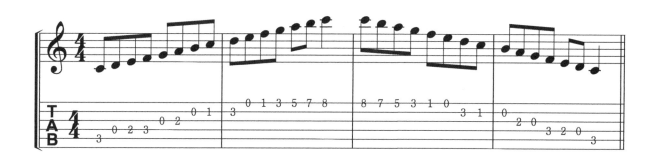

연습2　2번 줄이 포함되어 왼손이 한 칸씩 옮겨진 1옥타브 스케일

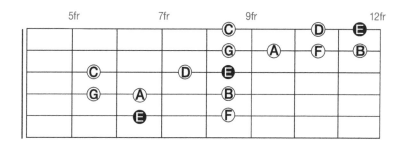

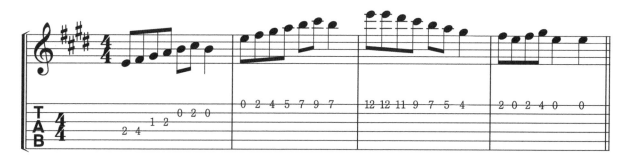

❖❖ 5도권(조표)

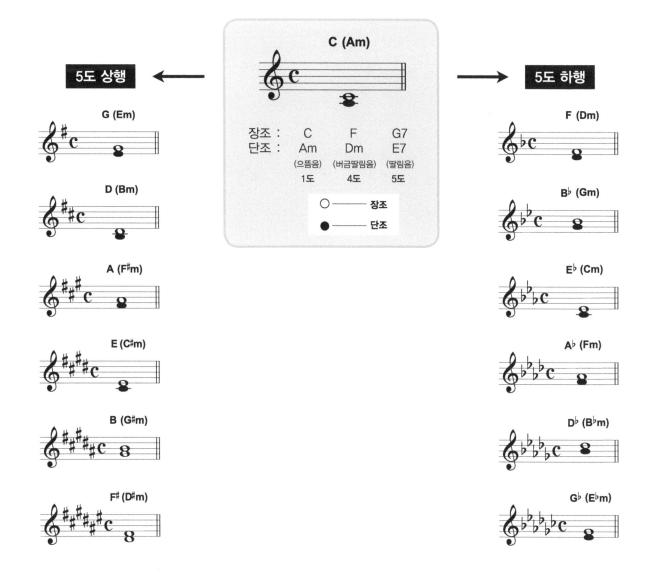

➜☆ 화음의 종류

⇨ **메이저 코드(Major Chord)**
코드의 근음에 장3도와 완전5도를 얹은 화음

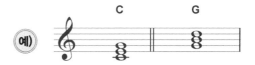

⇨ **마이너 코드(minor Chord)**
코드의 근음에 단3도와 완전5도를 얹은 화음

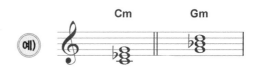

⇨ **세븐스 코드(7th Chord)**
메이저 코드에 단7도를 얹은 화음

〈7th 코드는 4개의 음으로 구성〉

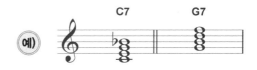

⇨ **디미니시드 코드(diminished Chord)**
코드의 각 음 사이가 단3도로 이루어져 있기 때문에
구성음 4개가 모두 코드 이름이 될 수 있다.

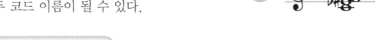

C#dim = Edim = Gdim = B♭dim

⇨ **오그멘티드 코드(Augmented Chord)**
메이저 코드에 5음을 반음 올린 화음

〈각 음 사이가 장3도로 구성〉

⇨ **메이저 세븐스 코드〈Major 7th Chord〉**
메이저나 마이너 코드 위에 장7도의 음을 얹은 화음

〈속7화음과는 다르며 마이너 세븐스 코드는 mM7 = m+7으로 표기함〉

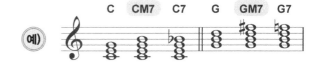

⇨ **식스스 코드(6th Chord)**
메이저나 마이너 코드 위에 장6도의 음을 얹은 화음

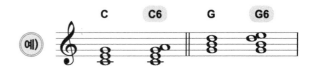

⇨ 서스펜디드 코드(Suspended Chord)

코드의 근음에 완전 4, 5도를 얹은 화음을 말하며
서스펜션 또는 서스라고도 함.

〈Sus 뒤에 4(4도)를 붙혀서 쓰기도 한다.〉

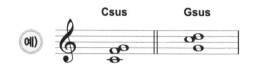

⇨ 하프디미니쉬 코드(Half Diminished Chord)

마이너 세븐스 플랫파이브(minor7♭5 = m7-5)라고도
부르며 비교적 많이 쓰이는 코드 중의 하나이다.
(m7-5) 대신 Ø표의 기호로 나타내기도 한다.

〈Bm7코드에서 5음을 반음 내린 코드라 생각하면 된다.〉

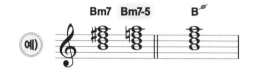

➜⇨ 카포(Capodust)의 사용법

오리지널 코드 ⇨	C	C#/D♭	D	D#/E♭	E	F	F#/G♭	G	G#/A♭	A	A#/B♭	B
카포 1프렛	B	C	C#/D♭	D	D#/E♭	E	F	F#/G♭	G	G#/A♭	A	A#/B♭
카포 2프렛	A#/B♭	B	C	C#/D♭	D	D#/E♭	E	F	F#/G♭	G	G#/A♭	A
카포 3프렛	A	A#/B♭	B	C	C#/D♭	D	D#/E♭	E	F	F#/G♭	G	G#/A♭
카포 4프렛	G#/A♭	A	A#/B♭	B	C	C#/D♭	D	D#/E♭	E	F	F#/G♭	G
카포 5프렛	G	G#/A♭	A	A#/B♭	B	C	C#/D♭	D	D#/E♭	E	F	F#/G♭
카포 6프렛	F#/G♭	G	G#/A♭	A	A#/B♭	B	C	C#/D♭	D	D#/E♭	E	F
카포 7프렛	F	F#/G♭	G	G#/A♭	A	A#/B♭	B	C	C#/D♭	D	D#/E♭	E

F# → B → C#7 → F#

→ 카포를 1fr에 사용하면   F   B♭   C7   F
→ 카포를 2fr에 사용하면   E   A   B7   E
→ 카포를 3fr에 사용하면   E♭   A♭   B♭7   E♭
→ 카포를 4fr에 사용하면   D   G   A7   D
→ 카포를 6fr에 사용하면   C   F   G7   C

Bridge Over Troubled Water

기본패턴 ⇨ 모데라토

Paul Simon 작사
Paul Simon 작곡

Can't Help Falling In Love

기본패턴 ⇨ 슬로우 모데라토

George David weiss 작사
Hugo Peretti, Luigi Creatore 작곡

Don't Know Why

Jesse Harris 작사
Jesse Harris 작곡

기본패턴 ⇨ 모데라토

Dust In The Wind

Kansas 작사
Kansas 작곡

기본패턴 ⇨ 모데라토

I Just Called To Say I Love You

기본패턴 ⇨ 모데라토

Stevie Wonder 작사
Stevie Wonder 작곡

Imagine

John Lennon 작사
John Lennon 작곡

Im—ag—ine theree's no heav-

—en, it's eas—yi f youtry; ——

no hell — be—low — us, a— bove us on— ly

sky. Im—ag—ine all the peo — ple

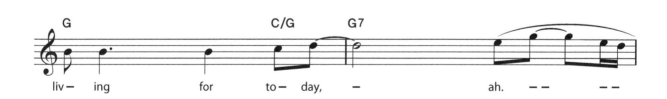

liv— ing for to— day, — ah. —— ——

— Im—ag—ine there's no coun—tries, it is— n't hard to do;
sess— ions, I won—der if you can

Knockin' On Heaven's Door

Bob Dylan 작사
Bob Dylan 작곡

Layla

기본패턴 ⇨ 모데라토

Eric Clapto 작사
Jim Gordon 작곡

Let It Be

John Lennon 작사
Paul McCartney 작곡

기본패턴 ⇨ 슬로우

Longer

기본패턴 ⇔ 모데라토

Dan Fogelberg 작사
Dan Fogelberg 작곡

Long—er than there've been fish—es in the o—cean,
Strong—er than an—y moun—tain cath—e —dral,
Through the years as the fi—re starts to mel—low

high—er than an—y
tru—er than an—y
burn—ing lines in the

bird ev—er flew, —
tree ev—er grew, —
book of our lives, though

long—er than there've beenstars up in the heavens,
deep—er than an—y for—est prim—e —val,
thebinding cracks — and the pag—es start to yel—los,

I've been in love — with you. —
I am in love — with you. —
I'll be in love — with you, —

I'll — bring fi—re in the winters; you'll — send showers in the springs. —

We'll — fly through the falls — and sum—mers with love on our wings.

D.S. al Coda

rit.

— la min love — with you. —

My Cherie Amour

기본패턴 ⇨ 슬로우 모데라토

Stevie Wonder 작사
Sylvia Moy, Henry Cosby 작곡

Tears In Heaven

기본패턴 ⇨ 슬로우 모데라토

Eric Clapton 작사
Will Jennings 작곡

사용코드

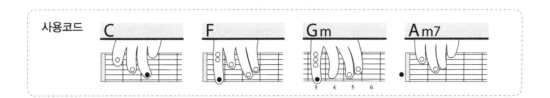

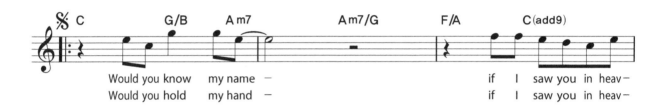

Would you know my name — if I saw you in heav-
Would you hold my hand — if I saw you in heav-

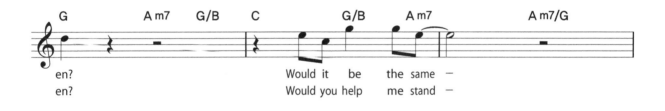

en? Would it be the same —
en? Would you help me stand —

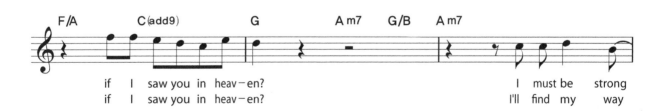

if I saw you in heav-en? I must be strong
if I saw you in heav-en? I'll find my way

— and car-ry on — 'cause I
— through night and day — 'cause I

Try To Remember

H.Schmidt 작사
T.Jones 작곡

Wonderful Tonight

기본패턴 ⇨ 모데라토

Eric Clapton 작사
Eric Clapton 작곡

It's late in the eve—ning; she's won—d'ring what clothes to wear. — She put on her make—up and brush—es her long blonde hair. — And then she asks me. "Do I look all right?" And I say, "Yes, you look won—der—ful — to— night. Oh, my dar—ling. you were won—der— ful — to— night."

Yesterday

기본패턴 ⇨ 슬로우 모데라토

John Lennon 작사
Paul McCartney 작곡

올인원
통기라 교본
기타러시
Guitar Rush

발행인 최우진
발행일 2025년 2월 28일
저자 편집부편
편집 · 디자인 편집부
발행처 그래서음악(somusic)
출판등록 2020년 6월 11일 제 2020-000060호

ISBN 979-11-93978-65-8 (13670)

이 도서의 국립중앙도서관 출판예정도서목록(CIP)은
서지정보유통지원시스템 홈페이지(http://seoji.nl.go.kr)와
국가자료종합목록 구축시스템(http://kolis-net.nl.go.kr)에서 이용하실 수 있습니다.